à la petite canotière du lac d'Lughuio, il y
a bien longtemps.
à la camarade des promenades du matin
de Saint-Gratien, à la camarade d'hier.
à la petite Vincencati devenue l'aimable
femme que tous reconnaissent.
à Mme de Girardin

Son ami.

Edmond de Goncourt

HENRIETTE MARÉCHAL

ROMANS

DE

EDMOND ET JULES DE GONCOURT

Artistes

LES HOMMES DE LETTRES.
L'ATELIER LANGIBOUT (en préparation).

Bourgeois

RENÉE MAUPÉRIN.
MADAME TONY FRENEUSE (en préparation).

Peuple

SŒUR PHILOMÈNE.
GERMINIE LACERTEUX.

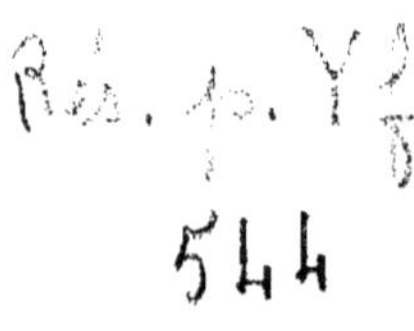

EDMOND & JULES DE GONCOURT

HENRIETTE MARÉCHAL

DRAME EN TROIS ACTES EN PROSE

Représenté pour la première fois sur le Théâtre-Français, le 5 décembre 1865

PRÉCÉDÉ

D'UNE HISTOIRE DE LA PIÈCE

DEUXIÈME ÉDITION

REVUE ET AUGMENTÉE

PARIS

LIBRAIRIE INTERNATIONALE

15, BOULEVARD MONTMARTRE

A. LACROIX, VERBOECKHOVEN & Cᵉ, ÉDITEURS

A Bruxelles, à Leipzig et à Livourne

A

M. ÉDOUARD THIERRY

A L'ADMINISTRATEUR DU THÉATRE-FRANÇAIS

NOUS DÉDIONS CETTE PIÈCE

QU'IL A EU LE COURAGE D'ACCUEILLIR

12 *Décembre* 1865.

HISTOIRE DE LA PIÈCE

Voici une pièce qui excite bien des passions, bien des colères, et bien des haines.

Nous allons raconter son histoire. Et cette histoire restera une page curieuse et instructive de l'histoire littéraire de ce temps-ci.

Nous demandons pardon au public de lui parler de nous : notre excuse est de ne lui en avoir jamais parlé jusqu'ici.

Nous terminions, au mois de décembre 1863 (1), le drame intitulé *Henriette Maréchal;* et vers la fin de janvier 1864, nous le présentions à M. de Beaufort, alors directeur du Vaudeville. Dans le mois de juin ou de juillet, M. de Beaufort nous le rendait, en nous disant, de premier mot, très-nettement, qu'elle était impossible. Nous essayions de faire valoir auprès de lui la nouveauté au théâtre de l'acte de l'Opéra ; il nous répondait que cela avait été fait par tout le monde. Nous lui demandions s'il ne croyait pas notre pièce, telle qu'elle était, appelée à plus de représentations que la pièce qu'il avait jouée cette semaine-là, et qui était morte au bout de trois soirées : il nous laissait entendre, d'ailleurs très-poliment, qu'il ne le croyait pas. Sur ce refus, nous jetions, assez découragés, notre pièce dans un tiroir, nous promettant de revenir plus tard à la scène par le

____

(1) Nous appelons l'attention du public sur cette date, qui a son importance pour l'originalité de notre pièce.

roman, et de ne plus frapper à la porte d'un directeur qu'avec un de ces noms qui se font ouvrir le théâtre.

Le travail et l'émotion d'écrire *Germinie Lacerteux* nous faisaient complétement oublier notre pièce, quand, un soir du printemps de 1865, un de nos amis ayant une soirée à passer avec nous, et ne sachant comment la perdre, nous demanda de lui lire notre *Henriette*. Nous eûmes assez de mal à retrouver le manuscrit. A la fin de la lecture, l'ami fut pris par l'intérêt de la pièce, nous complimenta, nous prédit que nous serions joués. Nous ne le croyions guère, sachant toute la répugnance des directeurs à accepter une pièce de gens accusés de littérature, de style et d'art. Cependant cette lecture nous avait, malgré nous, un peu rattachés à *Henriette*. A ce moment, M. de Girardin venait de lire le *Supplice d'une femme* chez la princesse Mathilde. Nous avions l'honneur d'être reçus dans ce salon. Nous pensâmes qu'une lecture, là, devant un public d'hommes de lettres, aurait peut-être chance de valoir à notre pièce une heure d'attention, la lecture personnelle d'un directeur de théâtre comme M. Harmand, qui avait succédé à M. de Beaufort, ou comme M. Montigny. La pièce fut lue. Elle souleva, dans le salon, des objections et des sympathies. Quelques journaux annoncèrent cette lecture, et quelques jours après, nous écrivions à M. Harmand pour lui demander un rendez-vous. Nous attendions la réponse du directeur du Vaudeville, lorsque nous reçûmes la lettre suivante de M. Théodore de Banville, qui avait été l'un des écouteurs et l'un des applaudisseurs d'*Henriette* :

« Mardi, 11 avril 1865.

« Mes chers amis,

« Édouard Thierry (ceci est confidentiel) m'a exprimé un vif désir de connaître votre pièce. Il est un de vos ardents admirateurs, il a dit du bien de vos livres dans

les papiers imprimés, et dans ce moment-ci même, ayant
à monter une pièce dont l'action se passe sous le Directoire, il consulte et relit sans relâche votre *Histoire de
la société française sous le Directoire.*

« Je lui ai fait observer que votre talent, votre situation littéraire et la juste renommée acquise par vos
longs efforts ne vous permettent pas de vouloir être re-
fusés à un théâtre. Mais il le comprend aussi bien et
mieux que moi. Aussi est-ce à un point de vue non officiel et absolument amical qu'il vous prie de faire connaître votre pièce à l'homme de lettres Édouard Thierry,
à qui elle inspire une vive curiosité. Pour votre gou-
verne, sachez bien, au pied de la lettre, que ce désir a
été réellement et spontanément exprimé par Thierry,
sans aucune provocation de ma part... »

Là-dessus nous hésitions. A quoi servirait cette com-
munication de notre manuscrit? A rien, nous disions-
nous. Cependant un soir, passant rue de Richelieu, nous
montions au Théâtre-Français; nous ne trouvions pas
M. Thierry.

Le 21 avril, M. Harmand nous répondait qu'il serait
très-heureux de nous offrir une lecture, mais après la
pièce qu'il montait, le *Monsieur de Saint-Bertrand* de
M. Ernest Feydeau. Nous avions reçu, avant cette réponse de M. Harmand, une lettre où M. Thierry s'excu-
sait de ne pas s'être trouvé au théâtre lorsque nous y
étions venus, et se mettait à la disposition de notre jour
et de notre heure. Nous allions le voir, nous lui expo-
sions très-nettement l'inutilité, pour lui, de lire notre
pièce, une pièce qui ne rentrait pas dans le cadre ordi-
naire du répertoire des Français. M. Thierry insistait
pour lire *Henriette;* et il mettait tant de bonne grâce et
de bon désir à vouloir la connaître, que nous cédions.
N'ayant aucune idée que notre pièce pût être retenue
par le Théâtre-Français, et pressés par un rendez-vous
que nous venions de recevoir de M. Harmand, nous écri-

1.

vions à M. Thierry de nous renvoyer notre pièce.
M. Thierry nous la renvoyait avec cette lettre :

« Messieurs et chers confrères,

« J'avais l'espérance que vous voudriez bien venir
hier reprendre votre manuscrit; il paraît que vous
comptiez sur moi pour vous le renvoyer; je vous le ren-
voie donc avec mes compliments les plus sincères. Je ne
sais pas si le Vaudeville vous attend et si vous êtes en
pourparlers avec lui; ce que je sais, c'est que la pièce ne
me semble pas plus impossible au Théâtre-Français
qu'au Vaudeville. Ce que le Théâtre-Français retran-
cherait dans le premier acte, sera retranché partout
ailleurs et avec les mêmes ciseaux, ceux de la commis-
sion d'examen. Le dénoûment est brutal, je ne dis pas
non, et le coup de pistolet est terrible; mais il n'y a pas
encore là d'impossibilité absolue. Au fond, je vois dans
votre pièce, non pas précisément une pièce bien faite,
mais un début très-remarquable, et pour ma part je
serais heureux de présenter au public cette première
passe d'armes de deux vrais et sincères talents qui
gagnent leurs éperons au théâtre.

« Tout à vous,

« ED. THIERRY.

« 27 avril 1865. »

Sur cette lettre, qui nous mettait au cœur des espé-
rances dépassant nos ambitions, nous rapportions notre
manuscrit au Théâtre-Français.
Quinze jours après, nous obtenions une lecture du
Comité; et le 8 mai, les sociétaires de la Comédie-Française nous faisaient l'honneur de recevoir notre pièce (1).

____

(1) Dans la première édition d'*Henriette Maréchal*, nous avons dit,

On a parlé de protections, d'influences ayant déterminé cette réception. C'est une injure gratuite contre l'indépendance bien connue du Comité, auprès duquel rien ne nous a recommandé qu'un passé de travail, des livres d'histoire honorés de l'éloge d'un adversaire comme M. Michelet, des romans dont toute la critique s'est émue. Et pourquoi n'y aurait-il pas là des titres au rare honneur d'un début sur la première scène littéraire de France?

Pendant l'été, nous remaniâmes, sur les intelligentes indications de M. Thierry, notre troisième acte, pour adoucir, au point de vue de la scène, ce qui était logique, mais ce qui pouvait être antipathique dans la passion de la mère. La pièce était distribuée. Madame Arnould-Plessy daignait accepter le rôle de la mère. M. Got, M. Bressant, M. Lafontaine, madame Victoria Lafontaine, mademoiselle Dinah Félix, voulaient bien donner à nos débuts l'appui de leurs noms et de leurs talents. Nous recevions le bulletin de la première répétition, lorsque M. Delaunay, obéissant à des scrupules et à des modesties exagérées d'artiste, rendait le rôle de *Paul de Bréville*, pour lequel il ne se croyait plus suffisamment jeune. Ce refus de M. Delaunay arrêtait tout. Nous vîmes notre pièce perdue, au moins pour le moment, et nous partîmes, assez désespérés, nous enterrer à la campagne dans le travail et la consolation d'un grand roman.

Cependant la presse, avec une sympathie dont nous avons gardé le souvenir, combattait le refus de M. Delaunay. Un critique, que toutes les questions de théâtre trouvent à son poste de feuilletonniste, armé de conscience et de bon sens, M. Sarcey, pressait M. Delaunay,

---

d'après l'annonce des journaux de théâtre, que nous avions été reçus à l'unanimité. C'est une erreur. Nous avons été simplement reçus, d'après le renseignement officiel que nous communique l'archiviste du Théâtre-Français, M. Léon Guillard.

au nom des auteurs et du public, de revenir sur sa ré-
solution et d'oser avoir vingt ans, les vingt ans de son
talent. Devant cet intérêt de la presse, la situation du
théâtre, celle des deux auteurs, M. Delaunay cédait, et
nous recevions tout à coup un beau jour, le 4 novembre,
— dans le trou où nous étions terrés, ne pensant plus
à notre pièce, — une lettre de M. Thierry qui nous an-
nonçait en même temps la bonne nouvelle, et l'entrée
en répétitions d'*Henriette*.

La pièce était répétée. Les excellents acteurs qui devaient la jouer mettaient au service des auteurs tous
leurs efforts, toute leur expérience, donnaient, nous
pouvons le dire, tout leur cœur à la pièce. La confiance
d'un grand succès était dans tout le théâtre; et le succès paraissait éclater déjà aux dernières répétitions,
devant l'admirable jeu des scènes d'amour.

Pendant ce temps, la chronique s'emparait déjà de
notre pièce. Et cette chronique, qu'on a dit avoir d'a-
vance tant soutenu notre pièce, commençait à lui faire
la méchante et basse guerre des cancans calomnieux,
des citations falsifiées, et des dénonciations anonymes.
Les petites informations empoisonnées s'écoulaient dans
les Correspondances. Le *Nord* signalait et racontait
notre premier acte, en lui prêtant les couleurs d'une
turpitude immorale; et nous ne savons comment l'article non signé du *Nord* parvenait, sous bande, à la
censure.

Enfin arrivait la première représentation. Elle avait
lieu le 5 décembre. Tous les journaux ont raconté ce
qui s'y passa. Deux hommes seulement, dans toute la
presse, n'ont pas vu ce soir-là de cabale dans la salle :
ce sont M. de Biéville, du *Siècle*, et M. Béchard, de la
Gazette de France. — Le rapprochement de ces deux
extrêmes nous semble assez curieux pour le noter en
passant.

Qu'y a-t-il maintenant au fond de toutes ces colères, au fond de toutes ces passions ennemies et jalouses?

Il y a trois questions :

La question littéraire ;

La question politique ;

La question personnelle, — ou plutôt la question sociale.

La question littéraire? — Celle-là, laissons-la de côté, nous y reviendrons plus tard. Mais aujourd'hui, il serait niais de discuter, de répondre, de se défendre, à propos d'art, quand cinquante sifflets d'omnibus écrasent tous les soirs une pièce que la salle veut écouter, quand une petite fraction des écoles (1) couvre de la tyrannie de son goût et de la révolte de ses pudeurs les applaudissements des loges, de l'orchestre, des femmes de la société, des hommes du monde, du public élégant, intelligent et lettré de Paris. Non, pas de discussion. Nous nous inclinons devant nos maîtres, devant les maîtres de l'Odéon devenus les maîtres du Théâtre-Français, et que nous espérons bien voir demain les maîtres de toutes les scènes, y décidant la chute de ce qui leur déplaira, empêchant les avenirs dont ils ne voudront pas, et tuant, du haut des cintres, toute pensée qu'ils voudront tuer, par-dessus la tête du public et la plume de la critique (2)!

La question politique? — Vidons-la nettement pour n'avoir plus à y revenir.

On dit, on imprime même, qu'on siffle notre pièce parce que le gouvernement l'a fait jouer, parce que la princesse Mathilde l'a imposée au Théâtre-Français, parce que nous sommes, des « protégés, » des courtisans!

----

(1) Voir les deux pièces que nous donnons à l'*Appendice*.

(2) Nous n'avons que le temps de remercier, en courant, MM. Jules Janin, Théophile Gautier, Nestor Roqueplan, Paul de Saint-Victor, Ernest Feydeau, Jules Vallès, Xavier Aubryet, Louis Ulbach, Francisque Sarcey, Jouvin, Jules Richard, Jules Claretie, Camille Guinhut, Henry de Bornier, et tous ceux que nous oublions.

Nous, des protégés! Nous, les seuls hommes de lettres qu'on ait fait asseoir en 1852 entre des gendarmes, sur les bancs de la police correctionnelle, pour délit de presse! Nous, auxquels le ministère de la police d'alors donnait l'avertissement de ne plus écrire dans les journaux....

Nous, des courtisans!... Mais qui sommes-nous donc? Rien que des artistes qui n'ont jamais appartenu à un parti. Si nos études nous ont donné un peu de justice, et quelquefois un peu de regret pour le passé, nous croyons que nous avons montré dans nos livres historiques assez d'indépendance pour mécontenter toutes les opinions; et nous avons cette conscience que nos romans se sont assez intéressé aux misères populaires du présent, et aux larmes des pauvres.

Arrivons à ce grand crime que nous lisons partout et qui a rempli tous ces jours-ci de circulaires le Quartier Latin : la protection de la princesse Mathilde.

Ici, on nous permettra bien quelques détails — et quelques vérités.

Après dix ans de travail solitaire, acharné, enragé, sans publicité, presque sans amis, un jour un de nos amis, M. de Chennevières, vint nous dire que la maîtresse d'un des grands salons de Paris, ayant lu nos livres, désirait nous connaître. C'était la première fois qu'un salon s'ouvrait devant nos titres littéraires. Il y avait presque quatre ans que nous n'avions mis d'habit. Nous allâmes dans ce salon, dans le salon de cette femme, une artiste qui est coupable d'être née princesse. Nous y trouvâmes toutes les libertés et presque toutes les intelligences, des artistes et des hommes de lettres comme nous, des philosophes, des savants, des poëtes : M. Renan et M. Berthelot, M. Claude Bernard et M. Taine, M. Sainte-Beuve et M. Bertrand, M. Théophile Gautier, M. Gustave Flaubert, M. Paul de Saint-Victor, M. Dumas fils, M. Émile Augier, les peintres, les sculpteurs d'avenir et de talent. Nous entendîmes là, dans ce salon d'art et de libre pensée, M. Sainte-Beuve défendre Proudhon, et M. Charles Blanc demander la levée de l'interdiction de la vente sur la voie publique pour l'*Histoire de la Révolution* écrite par son frère. Ce fut là, devant un public de lettres, que nous lûmes *Henriette Maréchal*, à l'exemple d'autres auteurs plus connus que nous, aussi soucieux de leur dignité, et qui ne croyaient pas faire acte d'insolence envers le public, en consultant le premier salon de Paris sur l'effet d'une œuvre dramatique.

Est-ce pour cela qu'on nous siffle, et qu'on veut empêcher notre pièce de parler au public ? Mais alors qui peut dire si demain on n'ira pas huer au Salon les toiles de M. Baudry, ou de M. Hébert, parce que la maîtresse de ce salon aura été les voir dans leur atelier ? Et pourquoi ne ferait-on pas une partie d'aller casser à une prochaine exposition les sculptures de ce grand sculpteur, M. Carpeaux, parce qu'il a eu l'imprudence de faire un chef-d'œuvre du buste de la maîtresse de ce salon ?

Si ce n'est pas pour cela qu'on nous siffle, est-ce pour quelque chose de plus grave ? Est-ce parce que « cette haute protection, » comme on l'appelle, a fait pour nous ce qu'elle a fait pour d'autres, — pour M. Louis Bouilhet, par exemple, à propos de *Faustine* ? Est-ce parce qu'elle a défendu notre pièce contre la menace d'interdiction de la censure (1) ?

Nous ne pouvons le croire. Nous ne pouvons croire

(1) A propos de ceci, M. Feydeau, dans un remarquable article, rappelait que ce fait d'une haute protection n'était pas nouveau ; que M. Augier avait eu besoin de la volonté de l'Empereur pour se faire rendre par la censure le *Fils de Giboyer* ; M. Alexandre Dumas fils, de l'intervention de M. de Morny, pour faire lever l'interdiction de la *Dame au Camélias*. — Et puisqu'ici les noms de ces deux maîtres du théâtre moderne viennent sous notre plume, disons à M. Émile Augier et à M. Alexandre Dumas fils combien nous avons été consolés par les bravos donnés par eux à une pièce qu'honorait encore l'applaudissement de madame Sand.

que ce qui s'appelle la jeunesse française en 1865 ait
les ciseaux de la censure dans son drapeau.

Mais, quoi qu'il en soit, puisqu'il semble y avoir
quelque péril en ce moment à ne pas désavouer notre
reconnaissance pour une princesse qui n'a d'autres
courtisans que des amis, nous la remercions ici haute-
ment et publiquement avec une gratitude qui serait
presque tentée de lui souhaiter une de ces fortunes où
l'on peut éprouver, autour de soi, le désintéressement
des dévouements.

Arrivons à la dernière question, à la question personnelle, et cherchons en nous tout ce qui peut expliquer
cet inexplicable déchaînement d'hostilités.

D'abord nous avons le malheur de nous appeler messieurs *de* Goncourt.

Mon Dieu ! ce n'est pas notre faute. Nous ne faisons
que porter le nom de notre grand-père, un avocat,
membre de la Constituante de 89 ; le nom de notre père,
un des plus jeunes officiers supérieurs de la Grande
Armée, mort à quarante-quatre ans des suites de ses
fatigues et de ses blessures, des sept coups de sabre sur
la tête d'une action d'éclat en Italie, de la campagne de
Russie faite tout du long avec l'épaule droite cassée le
lendemain de la Moskowa.

Puis nous avons encore le malheur de passer pour
être riches, de passer pour être heureux, de passer pour
être arrivés facilement...

Eh bien ! puisque, dans ce moment du siècle, c'est une
suspicion et une raison d'ostracisme que l'apparence de
la fortune et du bonheur, il nous faut essayer de désar-
mer l'envie, en la consolant un peu.

Nous avons travaillé quinze ans, renfermés, solitaires,
acharnés au travail. Nous avons eu toutes les défaites,
tous les chagrins, tous les désespoirs, toutes les attaques,
toutes les injures amères de la vie littéraire. Nous avons
saigné dans notre orgueil, pendant de longues heures
d'obscurité. Pendant des années, c'est à peine si nos

livres nous ont payé l'huile et le bois de nos nuits. Nous sommes arrivés pas à pas, livre à livre, obligés de tout disputer et de tout conquérir. Et nous avons mis quinze ans enfin à parvenir au Théâtre-Français.

Pour notre fortune, nous n'avons pas tout à fait douze mille livres de rentes à nous deux. Nous logeons au quatrième, et nous avons une femme de ménage pour nous servir.

Et pour notre bonheur, il ne faut pas qu'on se l'exagère tant : nous avons l'un une maladie de nerfs, l'autre une maladie de foie, qui doivent assurer nos ennemis de nos souffrances dans la cruelle bataille des lettres ; deux maladies qui finiront peut-être un jour par nous faire mourir, — à moins que nous ne mourions d'autre chose, tous les deux ensemble, selon des promesses qu'une menace a bien voulu nous faire.

EDMOND et JULES DE GONCOURT.

12 décembre 1865.

Il nous reste à demander pardon au talent, au courage de nos grands acteurs, aux talents de madame Arnould-Plessy, de madame Victoria Lafontaine, de mademoiselle Dinah Félix, de madame Ramelli, de mademoiselle Rosa Didier, de M. Delaunay, de M. Got, de M. Bressant, de M. Lafontaine, pour les avoir exposés à ces huées sauvages. Nous faisons personnellement des excuses à madame Plessy, pour lui avoir fait subir des insultes qu'un public français n'avait jamais encore fait subir, du moins là, à une actrice de génie qui a marqué, dans cette soirée du 5 décembre, sa place entre madame Dorval et mademoiselle Rachel.

Finissons cette histoire d'*Henriette Maréchal* par la lettre, envoyée par nous aux journaux, où nous racontons comment elle a disparu de l'affiche de la Comédie-Française :

« 21 décembre 1865.

Monsieur le Rédacteur en chef,

Les journaux ont annoncé que les réprésentations de notre pièce : *Henriette Maréchal*, étaient arrêtées. Le fait est vrai : *Henriette Maréchal* a disparu de l'affiche du Théâtre-Français dans les circonstances suivantes.

Le 15 décembre, il parut dans la *Gazette de France* une attaque qui méritait d'être remarquée parmi toutes les attaques lancées, chaque soir et chaque matin, contre notre pièce. La *Gazette de France* commençait par souligner ce qu'elle appelait « l'admiration du *Moniteur officiel* et du *Constitutionnel* » pour notre pièce. Puis elle parlait du *morne silence* dans lequel avait été écouté le second acte, de l'*attitude somnolente* du public au troisième. Elle ajoutait que le public ne venait là que pour s'amuser du scandale, que tous les applaudisseurs appartenaient à la claque, qu'il fallait l'intervention de la police pour « maintenir et comprimer le public entier à bout de patience et se levant comme un seul homme. » L'article continuait, en nous imputant à crime ce que nous avions coupé, ce qui n'était plus dans la pièce représentée, et ce que l'auteur de l'article y mettait, — un inceste, par exemple, dont il prêtait gratuitement l'in-

tention au dénoûment. Ici, la *Gazette de France* faisait
appel à la dignité des comédiens, en leur reprochant de
se ménager quelques recettes à la faveur de la curiosité
provoquée par des scènes bruyantes ; et elle terminait
par un procédé de critique littéraire jusqu'ici inusité,—
une dénonciation aux contribuables ! « Ce qui nous regarde, nous, *contribuables*, — disait-elle, — c'est de
savoir si nous devons, dans un temps où l'on parle tant
d'économies, continuer à sacrifier trois ou quatre cent
mille francs par an pour le plus grand profit d'une *entre-
prise ministérielle* qui sait si bien tirer profit même du
scandale... »

Ce même jour, l'administrateur du Théâtre-Français,
M. E. Thierry, venait chez nous. Nous lui demandions
s'il était content des explications données par nous en
tête de la pièce que nous lui avions dédiée. Son embarras,
quelques mots, nous laissaient voir son impression. Nous
lui représentions notre situation, la nécessité où nous
avions été de dire la vérité, toute la vérité. Et pourquoi, ajoutions-nous, le Théâtre-Français aurait-il à
rougir d'une pièce, parce qu'elle a pris deux fois le chemin du Vaudeville, et parce que les auteurs ont la fran-
chise de l'avouer ? Nous ne sommes pas de ceux qui
écrivent pour tel ou tel théâtre : nous écrivons pour le
public que peut intéresser, sur n'importe quelle scène,
une pièce qui a au moins la conscience d'être une œuvre
d'art. Si nous avons frappé au Vaudeville, c'est que nous
ne voyions pas plus haut des chances d'être joués ; c'est
que nous croyions — à tort — le Théâtre-Français ferm
à tout ce qui n'était pas une tragédie, une comédie en
vers, ou une pièce en prose signée d'un nom aussi popu-
laire au théâtre que celui de M. Émile Augier. Nous
disions encore à M. Thierry que, si pour les inexpé-
riences scéniques et les détails de métier, nous faisions
bon marché de notre pièce, nous la trouvions, avec les
critiques les plus autorisés, digne après tout du Théâtre-
Français par ses qualités littéraires, par un style que

les auteurs des *Hommes de lettres*, de *Sœur Philomène*, de *Renée Maupérin*, de *Germinie Lacerteux*, ne trouvent pas trop inférieur au style du répertoire moderne de notre grande scène.

M. Thierry nous répondait avec gêne, sortait de sa poche l'article de la *Gazette de France* du matin, et nous donnait lecture d'un passage de cet article où la *Gazette* s'étonnait de ne pas nous voir retirer notre pièce. Là-dessus, nous disions à M. Thierry que quand même nous aurions fait le plus grand chef-d'œuvre ou la plus grande turpitude, chef-d'œuvre ou turpitude n'exciteraient pas de telles passions, un tel bruit; que ce qu'on sifflait n'était point notre pièce; et que devant cette situation, devant des attaques sans précédent, devant la majorité des applaudissements, devant le courage et la confiance de nos acteurs décidés à lutter jusqu'au bout, nous ne pouvions ni ne voulions retirer *Henriette Maréchal;* et que nous étions décidés à attendre qu'elle fût arrêtée par l'administration, interdite par l'autorité. Seulement, nous demandions encore deux épreuves, celle de ce soir-là, et celle du lundi suivant : nous espérions, pour cette représentation du lundi, l'effet de notre brochure qu'on allait mettre en vente à quatre heures et qui nous semblait destinée à faire revenir les gens de cœur sur le compte de notre dignité et de notre indépendance. « *Lundi, c'est impossible,* » nous dit M. Thierry. Ici, qu'on le comprenne bien : nous n'accusons pas M. Thierry. Nous lui restons, et nous lui resterons toujours profondément reconnaissants pour le brave accueil qu'il a fait à notre pièce. Aussi le plaignons-nous seulement pour s'être trouvé dans une situation où il ne pouvait nous accorder cette dernière demande.

La sixième représentation avait lieu le soir de cette entrevue. Tous ceux qui y ont assisté peuvent dire le succès de la pièce dans cette soirée, la salle tout entière applaudissant, écrasant de ses bravos les quelques sifflets arriérés qui s'essayaient. Et c'était une salle de bonne foi, une salle payante : un vrai public de quatre mille francs de recette, — de trois mille neuf cent un, pour être exact. Nous allions voir M. Thierry après la pièce, nous lui disions qu'il nous semblait bien dur d'être arrêtés après une telle soirée, où le succès semblait enfin conquis : M. Thierry nous répondait qu'il ne pouvait rien nous promettre.

Le lendemain, *Henriette Maréchal* disparaissait de l'affiche du Théâtre-Français.

Maintenant, attaqués à droite et à gauche, attaqués en même temps par le *Siècle* et par l'*Union*, par l'*Avenir national* et par la *Gazette de France*, sans oublier le *Monde*, fusillés par un premier-Paris de la *France*, arrêtés par l'administration, — que nous reste-t-il à faire, pour une pièce à laquelle les sympathies de la grande critique, les feuilletons de Jules Janin, de Théophile Gautier, de Nestor Roqueplan, de Paul de Saint-Victor, de Louis Ulbach, de Francisque Sarcey, la presse et le public, des recettes de quatre mille francs, une location de huit jours à l'avance, devaient assurer, semblait-il, le droit de vivre ?

Il nous reste à faire un appel à l'opinion, à cette grande majorité de spectateurs qui a applaudi *Henriette Maréchal*, à tout ce monde d'hommes et de femmes du Paris intelligent et lettré qui ne veut pas que la tyrannie de la politique ou l'exagération de la morale touche à ses plaisirs, à ses goûts, à ses sympathies. Il nous reste à faire un appel à nos ennemis mêmes, à ceux qui aiment la liberté et qui doivent avoir quelques regrets devant leur victoire, devant l'interdiction de notre pièce par mesure administrative.

Agréez, Monsieur le rédacteur en chef, l'assurance de notre considération la plus distinguée. »

PROLOGUE [1]

——————

Bast ! tant pis, Mardi gras a lâché sa volière,
Et l'essaim envahit la maison de Molière,
Cent oiseaux de plumage et de jargon divers ;
Moi, je viens, empruntant aux *Fâcheux* ces deux vers,
Dire au public surpris : « Monsieur, ce sont des masques
Qui portent des crincrins et des tambours de basques. »
Des masques ? Vous voyez un bal au grand complet ;
Mais Molière, après tout, aimait fort le ballet.
Les matassins, les turcs et les égyptiennes
Se trémoussent gaîment dans les pièces anciennes.
L'intermède y paraît vif, diapré, joyeux,
Au plaisir de l'esprit joignant celui des yeux,
Et pour les délicats c'est une fête encore
D'y voir en même temps Thalie et Terpsichore,
Ces Muses, toutes deux égales en douceurs,
Se tenant par les mains comme il sied à des sœurs.
Quand s'interrompt d'Argan la toux sempiternelle,
On s'amuse aux archers rossant Polichinelle,
Et les garçons tailleurs s'acceptent sans dédain
En cadence apportant l'habit neuf de Jourdain.

————

(1) Ce prologue a été dit, au lever du rideau, par mademoiselle
Ponsin.

Le bon goût ne va pas prendre non plus la mouche
Pour quelques entrechats battus par Scaramouche.
Seulement, direz-vous, ces fantoches connus
Sont traditionnels, et, partant, bien venus.
Leur visage est coulé dans le pur moule antique,
Et l'Atellane jase à travers leur portique ;
Même pour des bouffons, l'avantage est certain
De compter des aïeux au nom grec ou latin.
Nous autres, par malheur, nous sommes des modernes,
Et chacun nous a vus, sous le gaz des lanternes,
Au coin du boulevard, en quête d'Évohé,
Criant à pleins poumons : « Ohé, c'te tête, ohé ! »
Pierrettes et pierrots, débardeurs, débardeuses
Aux gestes provoquants, aux poses hasardeuses,
Dans l'espoir d'un souper que le hasard paîra,
Entrer comme une trombe au bal de l'Opéra.
Pardon, si nous voilà dans cette noble enceinte
Grisés de paradoxe, intoxiqués d'absinthe,
Près des masques sacrés, nous, pantins convulsifs ;
Aux grands ennuis il faut des plaisirs excessifs,
Et notre hilarité furieuse et fantasque,
En bottes de gendarme, un plumeau sur le casque,
Donnant à la Folie un tam-tam pour grelot,
Aux rondes du Sabbat oppose son galop.
Mais, hélas ! nous aussi, nous devenons classiques,
Nous, les derniers chicards et les derniers caciques,
Terreur des dominos, repliant le matin,
Chauves-souris d'amour, leurs ailes de satin.
Bientôt il nous faudra pendre au clou dans l'armoire
Ces costumes brillants de velours et de moire.
Le carnaval déjà prend pour déguisement
L'habit qui sert au bal comme à l'enterrement.
Il vient à l'Opéra, grave, en cravate blanche,
Gants blancs, souliers vernis, et du balcon se penche ;
Hamlet du trois pour cent, ayant mis un faux nez,
Il débite son *speech* aux titis avinés.

L'outrance, l'ironie et l'âcre paroxysme,
L'illusion broyant les débris de son prisme,
Tous les moxas brûlants qu'applique à son ennui
La génération qui se nomme Aujourd'hui,
Mêlent leur note aiguë à l'étrange harangue
Dont la vieille Thalie entendrait peu la langue ;
Dialecte bizarre, argot spirituel
Où de toutes ses dents rit le rire actuel !
Si le théâtre est fait comme la vie humaine,
Il se peut qu'un vrai bal y cause et s'y promène.
Or donc, excusez-nous d'être de notre temps,
Nous autres qui serons des types dans cent ans.
Pendant que la parade à la porte se joue,
Le drame sérieux se prépare et se noue,
Et quand on aura vu l'album de Gavarni,
L'action surgira terrible...

UN MASQUE, l'entraînant.

As-tu fini !

THÉOPHILE GAUTIER.

PERSONNAGES

PIERRE DE BRÉVILLE. .	MM. Got.
PAUL DE BRÉVILLE. . .	Delaunay.
M. MARÉCHAL.	Lafontaine.
HENRIETTE MARÉCHAL.	Mmes Victoria Lafontaine.
MADAME MARÉCHAL. . .	Arnould-Plessy.
THÉRÈSE	Dinah-Félix.
UN MONSIEUR EN HABIT	
NOIR.	M. Bressant.
MASQUES ET DOMINOS. .	MM. Seveste, Guérin, Tronchet, Mmes Rosa Didier, Lloyd, Barretta, Ramelli.
AMIS.	MM. Montet, Prud'hon.

HENRIETTE MARÉCHAL

ACTE PREMIER [1]

—

LE BAL DE L'OPÉRA

(Le théâtre représente le corridor des premières loges. On voit au fond les portes des loges et au-dessus la galerie du balcon. — Des masques passent. Porte d'un escalier à droite. — Des masques au balcon.)

SCÈNE PREMIÈRE

UN MASQUE.

Voilà le plaisir, mesdames! voilà le plaisir!

UN AUTRE MASQUE à un domino.

Pardon, madame, je ne crois pas me tromper, j'ai eu l'honneur de vous rencontrer dans le monde : à la Closerie des Lilas...

---

(1) Nous donnons ici notre pièce telle que nous l'avons conçue et écrite. Nous avons de nous-même fait des coupures, aux représentations, sans pour cela abandonner ni désavouer un mot ni une phrase de notre œuvre. On comprendra que, quand on a le triste honneur de faire insulter, trois heures durant, des talents comme MM. Delaunay,

UN MASQUE à une femme.

Angelo del mio cor!

LA FEMME.

Savoyard, va!

UN DOMINO.

Anatole!

UN MASQUE.

S'il vous plaît!

UNE FEMME descendant l'escalier de droite.

Oh! monsieur, tu me chiffonnes! (Apercevant un vieux monsieur endormi sur une banquette auprès de l'escalier.) Gendarme! arrêtez monsieur : il dort!

PREMIER MASQUE.

Ange adoré! vous appartenez à un sexe qui est la plus belle conquête que l'homme ait faite sur les animaux...

UNE FEMME.

Oh! la la!

DEUXIÈME MASQUE.

Qui est-ce qui a vu ma femme?

PREMIER MASQUE à une femme.

Ton nom?

LA FEMME.

Marguerite.

Bressant, Got, Lafontaine, des femmes comme madame Plessy et madame Victoria Lafontaine, c'est bien le moins qu'on cherche à leur épargner le plus dur des insultes. — Nous avons cru aussi devoir détailler les indications de scène, pour consacrer le souvenir d'une mise en scène à laquelle le Théâtre-Français avait mis tous ses soins, tout son art.

PREMIER MASQUE.

Marguerite? Charmant!... Il y a une fleur comme ça qui tire les cartes à l'Amour : un peu, beaucoup, passionnément...

LA FEMME.

Pas du tout!

UN MASQUE en postillon, arrivant à cheval sur une banquette.

Mes enfants, voilà le faubourg Saint-Germain qui arrive! Il suit mes bottes! Tout le monde sur le pont! (Regardant le vieux monsieur sur la banquette :) Oh! c'te tête! Portons ce monsieur-là en triomphe! Il ressemble au cheval de La Fayette... Je l'ai connu! Je te dis que si! Il était blanc, toi aussi! Hop là! hop! houp! Enlevé le bourgeois! (Les masques enlèvent le vieux monsieur sur leurs épaules.) Et voilà ce que c'est que la Gloire! En avant!... arche!

(La troupe de masques disparaît par l'escalier à droite.)

SCÈNE II

PIERRE et PAUL, arrivant et venant sur le devant de la scène. — Des masques au fond.

PIERRE.

Écoute-moi, mon cher ami : tu as dix-sept ans, j'en ai trente-cinq. De notre famille, il ne nous reste que des parents. Tu es mon frère.., et je suis un peu ton père... (Paul lui serre la main.) C'est vrai, je t'ai un peu élevé. Dieu merci! je suis bronzé pour deux... Quand on a été consul à Caracas, chercheur d'or à San-Francisco, et mangeur d'argent à Paris, on a des notions pratiques pour l'éducation des garçons. Aussitôt que tu

as eu des poings, je t'ai appris à ne pas battre ceux qui
étaient plus petits que toi, et à ne pas être battu par
ceux qui étaient plus forts. Au bain, je t'ai mené tout
de suite où tu n'avais pas pied, en pleine eau. A dix ans,
je t'ai planté sans selle sur un cheval. Quand tu as
voulu fumer, je t'ai acheté une pipe, pour que tu ne
fumes pas les cordons de tes souliers. Au collége, je t'ai
fait prendre des leçons d'armes, pour te donner le droit
de ne pas être insolent. Je t'ai formé, je t'ai armé
comme j'ai pu. Aujourd'hui, tu es bachelier; tu sais
tout ce qu'il est convenable et inutile de savoir : le
grec, l'algèbre et la philosophie. Il ne te reste plus rien
à apprendre pour être un homme... rien que la vie ; et
la vie, c'est la femme, à ton âge. (Pierre lui prend le bras;
ils se promènent.) Oui, la femme. Allons, voyons confie-
moi ça, et je n'en rirai pas... Tu as fait tous les songes
qu'on fait quand on rentre le dimanche soir au dortoir
du collége. Tu es persuadé qu'il va t'arriver quelque
chose. Tu espères je ne sais quoi : une lettre, un rendez-
vous, un billet non signé, une voiture qui t'emportera,
les yeux bandés, la nuit, à la porte d'un petit parc... Tu
penses à des aventures... La femme est devant toi
comme un monde non découvert : c'est immense, vague,
périlleux et tentateur...

PAUL.

Oui, c'est vrai !

PIERRE.

Parbleu ! (Il s'arrête.) Eh bien ! mon ami, rien n'arrive.
Figure-toi que le monde est devenu plat comme une
pièce six liards. Les romans devraient être poursuivis
comme fausses nouvelles. Toutes les aventures sont
enterrées, l'imprévu est fini, le Hasard est mort ! Jamais votre portier ne vous donne une lettre qui sent
bon, sans que vous en reconnaissiez l'écriture... Et
voilà pourquoi je t'ai amené ici pour que tu ne rêves ni

l'amour, ni la femme, ni le bal de l'Opéra. Le bal de l'Opéra, tu y es...

(Il bâille et remonte la scène ; Paul le suit.)

PAUL.

Tu t'ennuies...

PIERRE.

Non, je bâille... L'amour et la femme? (Il lui montre la salle par un carreau de loge.) Voilà deux mille femmes comme Diogène : elles cherchent toutes un homme! Il y en a trois cent cinquante-neuf qui ont leur montre au mont-de-piété, cinq cent quarante et une qui ont besoin de payer leur terme, six cent vingt-trois qui veulent se meubler en palissandre, cent vingt-deux qui ont envie de louer un coupé au mois... Il y en a, à l'heure qu'il est, douze cents qui ont soif, et demain matin sur le coup de six heures, les deux mille auront faim! Et maintenant, (Il redescend la scène.) va! Je t'ai mis un peu de champagne dans la tête, et un peu d'argent dans la poche. Cours, monte, descends, regarde danser, arrête les dominos dans les escaliers, offre des oranges aux bergères des Alpes! Amuse-toi, sapristi! Il te manque des cheveux gris et une épingle en faux sur ta chemise; tu es jeune et tu n'es pas laid : les femmes ne te diront rien, parle-leur! Si on te blague, fais semblant de rire! Si des épaules te passent sous le nez, ne rougis pas!... Et si, par hasard, tu rencontres dans les corridors la femme honnête, la femme du monde qui vient au bal de l'Opéra tous les cent ans, fais-lui une cour effrontée et une égratignure au visage! Déchire-lui la dentelle de son masque, et vole-lui dans sa poche la carte de son mari pour la reconnaitre! Des folies, mon garçon, des folies! Et à tout à l'heure...

(Il remonte la scène et sort par le corridor de gauche.)

SCÈNE III

PAUL, seul.

C'est donc cela le bal de l'Opéra ! J'y suis, c'est cela,
j'y suis... (Il regarde aux carreaux des loges, puis redescend la scène
et vient s'asseoir sur la banquette.) Oh ! oui, j'en ai rêvé ! C'est
drôle, je suis comme quand j'allais, enfant, sur les boulevards, le mardi gras, dans les masques : ça m'amu-
sait, et j'avais peur ! Je me sentais tout petit dans la
foule, et tout seul dans tout ce monde... (Il se lève et se
promène.) J'ai la musique dans la tête... et quelque chose
dans la poitrine qui me passe... Il y a un domino qui
m'a regardé, il m'a semblé, en montant... Si j'allais
tout en haut, pour voir danser?... Lui, ça l'ennuie, il ne
s'amuse plus... Il faut que je parle à une femme... Oui,
il faut que je parle à une femme... Mon Dieu! comme
il fait chaud !

SCENE IV

PAUL, UNE FEMME en bébé passant à gauche.

LA FEMME.

Tiens ! cet innocent... Vois donc, j'ai une épingle qui
me pique dans le dos... (Elle lui tend son dos, Paul lui embrasse
l'épaule.) Tu embrasses, toi? Regarde-moi donc : tu es
gentil... Tu ressembles à quelqu'un que j'aimais bien.(Elle
lui prend le bras.) Il était très-distingué. Il portait toujours
des bottines vernies. M'aimes-tu un peu? (Paul lui prend
les mains.) Ah! tu regardes mes gants? N'est-ce pas que

ça ne sent pas les gants nettoyés? Ce sont des idées...
Mais comme tu es bien mis! (Elle le regarde.) Tes parents
sont au moins bijoutiers?... As-tu vu danser Badoche?(Elle
essaye son lorgnon.) Ah! voyons si je vois... Non, ça me
fait pleurer... Est-ce que tu es dans un magasin? Il y
a un monsieur qui m'a appelée grue de Numidie... Sais-
tu ce que ça veut dire, toi? (Elle lui met les mains sur les
épaules.) Ah! achète-moi donc un bâton de sucre de
pomme, dis-donc, veux-tu? Tu veux pas?... Non?...
Adieu, amour! Tu sais, pour me retrouver, je suis
contre l'orchestre des musiciens...

(Elle sort en chantonnant un air de valse. — Paul disparaît
un peu après elle.)

SCÈNE V

UN MONSIEUR en habit noir et en cravate blanche
à la galerie du balcon.

LE MONSIEUR.

Femmes séparées de vos amants! Calicots en va-
cances! Photographes sans ouvrage! Athéniens de
Chaillot!... Tas de polichinelles!

DEUXIÈME MASQUE.

Va donc, pékin!

LE MONSIEUR.

Parce que j'ai un habit noir sur le dos? Mais c'est le
premier des déguisements : ça donne l'air d'avoir dîné!
(A un masque en sauvage.) Sauvage!

LE SAUVAGE.

De quoi?

LE MONSIEUR.

Tu vas manquer le train des Batignolles!... Savez-vous de quoi vous me faites l'effet d'ici, mes enfants? D'un magasin de rubans dans une hotte de chiffonniers, sauf le respect que je vous dois! Vous avez l'air d'un feu d'artifice dans un ruisseau, parole d'honneur! Ah çà! Pierrots que vous êtes, vous êtes encore pas mal serins! Comment! vous êtes la fleur de Paris, et voilà comme vous représentez le peuple le plus spirituel de la terre, la gaieté française, et le vin de Champagne! Mais saperlotte! ayez au moins l'air de vous amuser! Dites des bêtises... des bêtises qui ont déjà servi... ça ne fait rien... (Se penchant vers une femme à côté de lui.) On ne demande pas du neuf ici, n'est-ce pas, madame?... Allons! un peu de train! Vous n'avez plus que jusqu'à demain matin, malheureux! A six heures, le carnaval est enfoncé, le carême vous remet la main sur le collet, et il pleut de la neige sur les gens trop gris! Un an, mes petites biches, un an, avant de me revoir! C'est la dernière fois que je vous permets de me passer la main dans les cheveux, et de m'appeler pacificateur de la Vendée!

UN MASQUE.

Blagueur!

LE MONSIEUR.

Toi, t'es trop drôle! Tu dois être employé aux Pompes funèbres...

LE MASQUE.

A ton service, mon cher!

LE MONSIEUR.

Ah! ma foi, pour ce que vaut la vie!... On y tient... on y tient parce qu'elle vous trompe : c'est comme une vieille maîtresse... Mais en voilà une vallée de larmes qu'on devrait bien trouver moyen de drainer! Enfin, zut! comme disent les philosophes, et c'est encore ce qu'ils ont dit de mieux. (Des dominos passent.) Ah çà! vous laissez passer des dames sans y goûter, vous autres? On ne vérifie donc pas les dominos? De pauvres femmes qui viennent ici pour n'être pas respectées... Ah! tenez, vous n'avez pas de cœur!... Non, c'est positif, la politesse s'en va... Mais vous ne savez donc pas ce dont les almanachs nous menacent? Il parait que l'année prochaine sera remarquable par la vertu des femmes, la maladie des raisins et la longévité des oncles! Ce sera gai, comme vous voyez! Jouissons de notre reste, saperlotte! jouissons de notre reste!... Aglaé! Aglaé! dire que je t'ai connue : tu étais un ange... dans les apothéoses du Petit-Lazari!... Ciel! la nourrice de mon petit!... Malheureuse! tu vas faire tourner ton lait!... (Rires et cris des masques.) Hein? qu'est-ce que tu dis làbas, toi? Je suis enroué? Laisse donc, si tu parlais depuis le temps que je parle, il faudrait te ressemeler le gosier...

DEUXIÈME MASQUE.

As-tu fini, paillasse en deuil?

LE MONSIEUR.

Monsieur est du Jockey?

DEUXIÈME MASQUE.

Va donc te coucher, chapelier de la rue Vivienne!

LE MONSIEUR.

Dis donc, peintre de tableaux de sage-femme!

DEUXIÈME MASQUE.

Jeune premier de Montmartre!

LE MONSIEUR.

Tourneur de mâts de Cocagne en chambre!

DEUXIÈME MASQUE.

Bibliothécaire de la garde nationale !

LE MONSIEUR.

Éleveur de sangsues mécaniques !

DEUXIÈME MASQUE.

Pédicure de régiment !

LE MONSIEUR.

Président de la Société du Bec dans l'eau !

DEUXIÈME MASQUE.

Abonné de la *Revue des Deux Mondes !*

LE MONSIEUR.

Ah ! des gros mots !... Attends ! Je vais descendre.

(Il disparaît de la galerie.)

SCÈNE VI

M. MARÉCHAL, UN MONSIEUR.

M. MARÉCHAL , sortant d'une loge au fond, dont il tient la porte,
et parlant à une personne dans la loge.

Dans un instant, ma chère, je reviens...

UN MONSIEUR.

Vous ici, Maréchal?

M. MARÉCHAL.

Pardon, mon cher... Figurez-vous... vous savez bien
mon gredin de caissier sur lequel on n'a pu mettre la

main?... Je crois que je viens de le voir dans la salle,
en costume de Peau-Rouge, dansant comme un enragé... et si c'est lui !... Venez avec moi.

(Ils sortent à gauche.)

SCÈNE VII

LE MONSIEUR en habit noir entre à droite accompagné d'UN AMI.

L'AMI.

Tu es gris...

LE MONSIEUR.

Vrai? Tant mieux.

L'AMI.

Est-ce que tu as des chagrins?

LE MONSIEUR.

Non, pas encore... Mon ami, tu recevras sous peu une
lettre de faire part qui ne sera pas encadrée de noir,
parce que ce n'est pas l'usage... Tel que tu me vois,
j'enterre ma vie de garçon, mon ami... et je fais des
libations dessus, comme les anciens... Dire que je serai
marié jeudi!

L'AMI.

Marié?

LE MONSIEUR.

Tout à fait! J'aurai une femme et un beau-père...
Ah ! les dettes finissent par vous coûter cher ! Les créan-
ciers ne savent pas les sacrifices qu'on fait pour eux!
Penses-tu que c'est mon dernier bal masqué? La semaine
prochaine, je jouerai au whist en famille ! Et tu veux

que je sois convenable? Mais jamais je n'ai eu envie
d'être fou comme aujourd'hui... J'ai une rage de m'amuser... Il me passe des idées! Je voudrais concevoir un
poëme épique, et déshériter ma tante! Je ne sais pas
ce que je ferais... Toutes les femmes qui passent,
vois-tu? ça m'a l'air de ma dernière maîtresse que je
verrais pour la dernière fois... Tous les cabinets du Café
anglais me défilent dans la tête, avec la couleur de leur
papier...

L'AMI.

Voyons, mon cher...

LE MONSIEUR.

Ne me dis rien!... ou je vais danser! et je marche
sur les mains, à la pastourelle! Ce soir, mon ami, ce
soir! je séduirais la femme de chambre de ma femme!
Oui, des choses insensées... Tiens! veux-tu parier que
j'entre dans la première loge venue, que j'y place une
déclaration, et que j'y reste? (Il va vers la loge du fond et fait
signe à une ouvreuse de lui ouvrir la loge d'où est sorti M. Maréchal.) Voulez-vous m'ouvrir?

L'AMI, voulant l'arrêter.

Tu vas te faire une affaire.

LE MONSIEUR, le repoussant.

Une, deux, trois affaires, toutes les affaires du monde!
Sois tranquille : un homme qui va se marier est sûr de
n'être pas tué, il est sacré par le malheur! (Il entre dans
la loge. Madame Maréchal, qu'il essaye d'arrêter, se précipite hors
de la loge.) Ma chère... voyons, ma chère... C'est comme
ça? Bonsoir! je vais faire un somme.

(Il rentre dans la loge et referme la porte.)

SCÈNE VIII

PAUL, MADAME MARÉCHAL, entourée par des masques.

UN MASQUE.

Qu'est-ce que madame cherche? ses illusions?

UN AUTRE MASQUE.

Eh! la petite dame!

UN TROISIÈME.

Mon petit chou!

PAUL, allant à madame Maréchal et lui offrant son bras
en se découvrant.

Madame, voulez-vous mon bras? (Madame Maréchal lui
prend le bras.) Est-ce que vous attendez quelqu'un? (Elle
ne répond pas. Il remet son chapeau.) Veux-tu souper?

MADAME MARÉCHAL.

Monsieur!

(Elle dégage brusquement son bras et remonte la scène.)

PAUL.

Madame...

MADAME MARÉCHAL.

Laissez-moi, je vous prie.

(Il s'arrête. Madame Maréchal disparaît à droite. Tout à coup il sort
par où elle est sortie.)

SCÈNE IX

PIERRE descendant par l'escalier de droite avec UN DOMINO
qu'il tient par la taille.

PIERRE.

Tu me connais? tu me connais? tu es plus avancée
que moi...

LE DOMINO.

M'as-tu assez aimée ?

PIERRE.

C'est bien possible. Va, ce n'est pas ma faute !

LE DOMINO.

Te rappelles-tu la rue de la Bruyère ?

PIERRE.

Quel numéro?

LE DOMINO.

Insolent! tu étais bien jaloux de moi tout de même...

PIERRE.

Oh! par politesse! Je sais que ça fait plaisir aux
femmes...

LE DOMINO.

Je te trouve bien vieilli, dis donc?...On te donnerait
quarante ans...

PIERRE.

Ne me les donne pas : garde-les.

LE DOMINO.

Je te vois de mon coupé souvent passer sur les boulevards à pied...

PIERRE.

Est-ce que je t'aurais éclaboussée? Ton coupé est si
bas... Ah çà! tu as donc fait fortune, ma chère Agathe?

LE DOMINO.

Mais oui, un peu, mon cher. Je roule sur l'or. Je
possède des peignoirs qui coûtent deux cent quarante
francs de blanchissage. J'ai dans mon antichambre un
huissier qui a une chaîne, et dans mon salon un plat de
Chine où il y a les cartes de tous les gens connus...

PIERRE.

Par toi?... Mes compliments... Vois-tu, dans ton état,
on arrive à tout, à l'ancienneté...

LE DOMINO.

Chéri, va! trop aimable!... Eh bien! et toi, mon
pauvre ami, tu n'es devenu rien depuis que je ne
t'ai vu?

PIERRE.

Non... pas même millionnaire. Il faudrait que je me
ruine pour être ton amant de cœur...

LE DOMINO.

Tu blagues donc toujours?

PIERRE.

C'est ma santé.

LE DOMINO.

Et qu'est-ce que tu fais de l'existence?

PIERRE.

Pas grand'chose...

LE DOMINO.

Et des femmes?

PIERRE.

Rien du tout : du plaisir.

(Ils remontent l'escalier, à droite.)

SCÈNE X

MADAME MARÉCHAL, entrant par la gauche; après avoir regardé
au carreau de la loge, elle va s'asseoir sur la banquette. — PAUL
entre un peu après et vient s'asseoir de côté auprès d'elle.

PAUL.

Laissez-moi là... Je ne vous touche pas... N'ayez pas
peur... Je ne vous dirai rien, si vous voulez... Tout à
l'heure... ce que je vous ai dit... il ne faut pas m'en
vouloir... Je ne savais pas... J'ai eu tort... Je vous demande pardon... Pardonnez-moi, voulez-vous? Je vous
ai dit : Tu... Mon Dieu! est-ce que je savais? Oh!
vous ne vous figurez pas ce que c'est, ce que ça coûte
pour parler!... On a la bouche sèche... Je cherchais
quelque chose, je ne trouvais rien... Vous avez bien vu
que j'étais pâle... On se dit : Je lui parlerai tout à
l'heure... et puis un mot vous vient.. on s'arrache le
cœur et la voix pour le dire... Et on est malheureux
après! Je ne voulais pas vous paraître enfant... je voulais faire l'homme... Vous ne me croyez pas?... Oh!
c'est bien vrai, pourtant, je vous jure!... Et puis toutes
les femmes ici, moi, je croyais... Oh! ce n'est pas vrai,
je vois bien... et il y en a, je suis maintenant bien sûr
qu'il y en a qui viennent ici pour la première fois...
(Silence de madame Maréchal.) Ah! ne me répondez pas, ça

m'est égal! Je veux le croire... et je le crois! Votre
bras tremblait sous le mien tout à l'heure... Ne dites
pas non, je l'ai senti... et vous étiez tout effrayée...
Oh! c'est que cela fait peur d'abord, n'est-ce pas? Ce
bruit, ces cris, tout ce monde... c'est une joie qui vous
glace... Et puis la chaleur, les lumières, les masques,
la musique, cet air du bal... il vous monte comme un
étourdissement de tout cela... On n'y voit plus, on
ne sait plus, on n'est plus le même... et je vous parle,
madame!... moi, je vous parle!... Mon Dieu! nous serions dans le monde, j'aurais fait un tour de valse avec
vous, vous me laisseriez m'asseoir à côté de vous, sur la
même banquette... et j'aurais touché votre taille, pourtant, j'aurais eu votre main dans la mienne! Cela serait
tout simple... Je vous ferais les compliments qu'on fait
à une femme, je ne vous manquerais pas de respect
pour ça; je vous dirais : Vous êtes belle...

MADAME MARÉCHAL.

Laissons le monde, monsieur. Nous n'y sommes pas.
Parlez, si cela vous fait plaisir : je n'écoute pas... Tenez! vraiment vous feriez bien mieux de vous adresser
à toutes ces femmes qui sont là...

PAUL.

Mais toutes ces femmes, ça m'est égal, madame : ce
n'est pas vous! Pourquoi vous ai-je suivie? Comment
vous ai-je retrouvée dans la foule? Je ne sais pas...
Pourquoi n'y a-t-il que vous ici pour moi? Dites-le-moi :
moi, je ne le sais pas... Les autres? Mais près d'elles je
n'aurais pas ce trouble plein de délices... Je ne serais
pas comme je suis à côté de vous... Je ne me dirais
pas : Enfin! c'est donc ça l'amour! Ah! c'est bon! Mon
Dieu! que c'est meilleur que tout ce qu'on vous a dit et
tout ce qu'on a lu!... Oh! je vous en prie, ne vous mo-
quez pas de moi... (Il ôte son chapeau.) Ce que votre silence
me murmure de vous (se penchant vers elle), vos yeux qui,

dans votre masque, semblent me regarder comme des
étoiles, la nuit... tout ce qui me vient dans la tête, fol-
lement... la pensée que je vous sers à quelque chose (il se
lève et passe à droite de madame Maréchal), que je puis vous
empêcher d'être insultée... Mais il n'y a que vous,
encore une fois, pour me donner tous ces bonheurs-là!...
Vous riez?

MADAME MARÉCHAL.

Oh! pardon... Mais c'est que vous êtes très-amusant!
Vous avez un petit air si convaincu! Et puis vous faites
des phrases... comme on n'en fait plus! Je croyais que
c'était perdu comme les carlins, la race des amoureux
au bal de l'Opéra...

PAUL.

Cela doit vous coûter, madame, d'être méchante... Et
pourquoi l'être avec moi? Ce n'est pas très-brave...
Vous voyez bien que vous avez affaire à un pauvre garçon bien jeune, qui vous dit tout... Il n'y a pas besoin
de beaucoup d'esprit pour l'embarrasser... et s'il a le
courage de vous parler, c'est que votre masque ne lui
laisse voir que la douceur de vos yeux... (Il appuie le bras
à la colonne.) Je suis donc bien ridicule? Et vous, madame,
vous avez donc été bien gâtée par la vie?... Votre cœur
a donc été heureux et comblé toujours, pour avoir si
peu de charité, et ne trouver qu'à rire, quand je suis
là, ne vous demandant qu'une chose... de baiser le bout
de votre gant et de m'en souvenir toute ma vie...

(Il lui prend la main, elle la retire.)

MADAME MARÉCHAL, Elle se lève et redescend la scène.

Savez-vous que vous êtes un peu fou, monsieur? Vous
me faites une déclaration... car c'est une déclaration,
n'est-ce pas?... sans me connaître, sans m'avoir vue..
Vous tombez amoureux, non de moi, mais de mon domino... Vous me croyez jeune, je ne sais pourquoi...

Vous vous figurez que je suis venue ici chercher un
cœur, et vous m'offrez le vôtre... Mais qui vous dit, s'il
vous plaît, que je ne suis pas une honnête mère de
famille, pas plus belle et pas plus jeune que toutes les
mères de famille, amenée ici tout bonnement par la
curiosité, par une bête d'envie de voir ça avant de
mourir ?

(Elle va se rasseoir sur la banquette.)

PAUL.

Vous me le dites : ce n'est pas vrai... Non, rien que
votre main que j'ai aperçue tout à l'heure, le bout de
votre pied... Oh! ne le cachez pas... votre regard, votre
front, enfin tout ce que je vois à aimer en vous sans
vous voir, tout ce que je reconnaîtrais de vous... de
vous que je ne connais pas... (Il s'assied auprès d'elle.) Vous
êtes jeune, je vous dis que vous êtes jeune. Gardez
votre masque : je sais que vous êtes belle... Et puis vous
dites que vous êtes venue pour voir?... Non, tenez, je
ne sais quoi me dit que vous êtes venue ici comme j'y
suis venu moi-même... Votre cœur a battu comme le
mien en montant l'escalier... Je ne sais rien de votre
vie, mais vous pensiez, je vous le dis, à des émotions, à
des choses imprévues, à tout ce que fait attendre, espé-
rer, imaginer le bal masqué!... Oh! vous ne l'avouerez
pas, je sais bien! Mais vous enfoncez vos lèvres dans
votre bouquet de violettes pour ne pas me dire : Oui!

MADAME MARÉCHAL.

Assez! monsieur, assez... je vous l'ordonne...

(Elle se lève.)

PAUL, restant assis et s'avançant lentement vers elle, sur la banquette.

Je vous obéis, madame. C'est fini... Je ne vous rever-
rai plus... plus jamais! Demain, je ne serai plus rien
pour vous... Moi, je n'oublierai pas... Et peut-être y
aura-t-il un jour dans votre vie de femme, une heure

3.

vide, où votre pensée reviendra à cette nuit, et où vous
songerez à ce jeune homme qui vous apportait le dévoue-
ment de son premier amour !

MADAME MARÉCHAL.

Monsieur... voulez-vous me donner le bras... (Paul se
lève avec un mouvement de joie.) pour retrouver mon mari?

(Ils vont pour sortir à gauche et passent devant la loge de madame
Maréchal. — La loge s'ouvre, et le monsieur en habit noir paraît
sur la porte.)

SCÈNE XI

PAUL, MADAME MARÉCHAL, LE MONSIEUR en habit noir,

LE MONSIEUR.

Ah ! voilà ma femme chic! (Il ferme la porte de la loge derrière lui.) Madame, j'ai l'honneur d'être... Qu'est-ce qu'on
peut vous servir? (Madame Maréchal veut aller à sa loge. Il lui
barre le chemin.) Voulez-vous du sentiment, des asperges
en branche, une discrétion à toute épreuve, et mon
cœur sous la serviette ! Parlez, mon idole ! J'ai un peu
dormi dans votre loge : vous voltigiez dans mes songes
avec des ailes en papier... (Il lui barre le chemin à gauche et
se trouve en face de Paul) Tiens, vous avez fait sortir votre
fils? Très-gentil ! Il ne rentrera que lundi, n'est-ce
pas?... Ne craignez rien, belle dame, je suis un homme
bien (la poursuivant), parole d'honneur ! Je ne mets pas
mes ordres étrangers, mais je suis un homme bien...
c'est plein de notaires honoraires, ma famille !...
Écoute, tu vas me lâcher ce petit jeune homme-là : la
jeunesse, ce n'est jamais sérieux, et nous allons nous
repasser sur l'estomac un beurre d'écrevisse...

PAUL.

Monsieur!...

LE MONSIEUR.

Attends donc, je n'ai pas fini de séduire madame...
Comment, vous voulez aller de ce côté-là, dans les corridors? Mais l'inconvenance y pousse en plein vent,
jeune imprudente! (Madame Maréchal s'assied sur la banquette,
en lui tournant le dos. — Paul reste debout devant elle.) Il y a
des gens qui y disent des choses qui corrompraient un
singe et qui feraient défleurir un lys sur sa tige! Je
vous dois aide et protection, je ne vous lâche pas... Et
puis, si tu savais tout ce que j'ai à te dire!... Je te par-
lerais bien en vers... mais ça t'embêterait... Oh! dis-
moi que nos âmes se comprennent!... Qu'est-ce que tu
veux? je suis poétique : je lis tous les soirs des feuilletons pour m'endormir... Et toi aussi, tu dois être poétique : je parie que tu habites la rue Papillon, et que
tu donnes tous les matins de la mie de pain aux oiseaux,
sur le toit en face!... Tiens! nous irons bien loin... plus
loin que la ligne des omnibus!... dans un endroit vierge
et béni, embaumé de brises d'amour et de parfums de
matelotes... à Asnières! Et là nous serons heureux
comme des gens qui n'ont pas d'enfants et qui pêchent
à la ligne... Viens-tu?

PAUL.

Monsieur!...

LE MONSIEUR.

Mais, monsieur, votre dame me manque! Je la
trouve plus que froide à mon égard... (Madame Maréchal a
repris le bras de Paul et va vers le fond de la scène, que lui barre encore le monsieur passant et repassant derrière une colonne.) J'en
suis fâché pour elle... Comment! je m'échigne à lui
faire luire des horizons! je lui parle comme un livre!
je forge des métaphores hardies à son usage... Je lui
offre de la bisque et des idylles... Je lui confie mes plus

secrètes mélancolies... et elle reste avec moi comme la bourse d'un ami : on ne peut rien en tirer...

PAUL, s'avançant vers le monsieur en quittant le bras
de madame Maréchal.

Mais, monsieur...

LE MONSIEUR.

Jeune homme, je parle à madame... Espèce de femme du monde, va! Mais tu dois être vieille comme les rues de Versailles! Je crois bien que tu te caches!... Voyons un peu...

(Il va pour soulever la barbe de son masque.)

MADAME MARÉCHAL, la tête tournée vers le corridor de
gauche.

Ah! mon mari!

(Elle s'échappe et disparaît à gauche; Paul arrête le bras
du monsieur.)

SCÈNE XII

PAUL, LE MONSIEUR, puis PIERRE.

LE MONSIEUR.

Tu es l'amant, toi?

PAUL.

Non.

LE MONSIEUR.

Tu es le frère?

PAUL.

Non.

LE MONSIEUR.

Eh bien, alors, mon petit, remercie ta figure de
.gamin : si tu ne l'avais pas, je t'aurais calotté.

(Pierre entre au fond.)

PAUL.

Eh bien, monsieur, c'est un soufflet que je vous dois.

LE MONSIEUR.

Moutard, va !

PAUL.

Ceci est la carte d'un homme, monsieur.

LE MONSIEUR.

Mais, voyons... sérieusement... nous battre?... vous
êtes un enfant...

(Paul fait un pas pour se jeter sur lui ; Pierre s'avance et lui met
la main sur le bras.)

PIERRE.

Un enfant en âge d'être tué, monsieur, quand on
l'insulte...

(Il prend la main de son frère. — Le monsieur les regarde et fait un
échange de cartes avec Paul. — Les trois hommes se saluent profondément.)

SCÈNE XIII

PIERRE et PAUL.

PIERRE.

Pour une femme, n'est-ce pas?

PAUL.

Oui.

PIERRE.

Qui demeure?

PAUL.

Je n'en sais rien.

PIERRE.

Qui s'appelle?

PAUL.

Je ne sais pas.

PIERRE.

Diable!

FIN DU PREMIER ACTE

ACTE II

VILLE-D'AVRAY

Un salon avec une serre au fond, sur laquelle ouvrent trois portes. Porte à gauche. Porte vitrée à droite. A gauche, du côté de la cheminée, un canapé et une chaise basse. A droite, une chaise, une table longue où sont des livres, des revues et un métier à tapisserie. A côté de la table, un canapé. Sur la cheminée, une corbeille à ouvrage.

SCÈNE I

Madame MARÉCHAL, assise sur le canapé à gauche; THÉRÈSE, à côté d'elle, debout, recousant un bouton à un gant.

MADAME MARÉCHAL.

Quelle bavarde tu fais ! Allons ! dépêche-toi...

THÉRÈSE.

Un beau petit garçon comme ça ! Écoutez donc, madame, ça aurait été dommage... Le médecin a bien dit qu'il ne s'en était pas fallu de ça... Et les trois premières nuits encore, il n'allait pas bien fort... Il étouffait comme un poulet, figurez-vous ! Je ne faisais que le faire boire... Peut-on se battre si jeune, n'est-ce pas, madame ?

MADAME MARÉCHAL.

Voilà bien la dixième fois que tu me rabâches tout ça...

THÉRÈSE.

Tout de même, le voilà sur pied, à cette heure...

MADAME MARÉCHAL.

Alors il va bientôt s'en aller, j'espère. C'est si gênant, un étranger, un homme dans une maison... avec cela que la fenêtre de la chambre où on l'a mis donne sur le jardin... Je ne peux plus me promener de ce côté-là... ma fille encore moins...

THÉRÈSE.

Oh ! mon Dieu, madame, moi, je m'y promènerais tout de même... Vous n'êtes pas mauvaise à voir...

MADAME MARÉCHAL.

Eh bien ! est-ce fait ?

THÉRÈSE, elle va à gauche et range sur la table.

Au fait, vous savez, madame, je suis décidée pour ma robe... je la ferai montante, sans garniture, tout unie... C'est égal... voyez-vous, madame... si vous l'aviez vu comme moi, quand on l'a rapporté, au petit mur... Il était comme un linge...

MADAME MARÉCHAL.

C'est M. Maréchal qui a eu cette bonne idée-là... Enfin !

THÉRÈSE.

Mais il serait mort, madame... oh ! pour ça, oui, il serait mort avant qu'on ne l'ait porté aux Quatre-Chemins, à l'auberge.

MADAME MARÉCHAL.

As-tu entendu dire pourquoi il s'est battu ?

THÉRÈSE.

Est-ce qu'on sait ! (Elle apporte à madame Maréchal un mouchoir et un flacon.) Ah ! madame, ce petit monsieur-là, il a l'air si doux, si gentil, si potelé, que si j'étais riche...

MADAME MARÉCHAL, la regardant.

Thérèse ?

THÉRÈSE.

Oh ! si j'étais riche !... Eh bien ! j'en ferais mon cœur !

(Elle se sauve.)

SCÈNE II

MADAME MARÉCHAL seule. — Elle se lève.

« Elle en ferait son cœur !... » Ces gens-là se figurent que la vie se passe à aimer, et qu'il n'y a qu'à être riche pour ça !... Quel temps désagréable ! Je trouve qu'il porte sur les nerfs... Je ne sais pas ce que j'ai depuis quelques jours... Si, au fait, je le sais, je m'ennuie. (Elle va vers la glace et se regarde de loin.) Cette Thérèse vous fagotte ! J'ai remarqué que les domestiques dévoués ne savaient rien faire... Oh ! j'ai bien mon âge aujourd'hui... C'est singulier, la beauté, c'est comme la santé : on n'y pense que lorsqu'on a peur de la perdre... Je ne sais pas du tout pourquoi je songe à tout ça : mon mari me trouvera toujours bien ; c'est tout ce qu'il faut... (Elle va s'asseoir sur le canapé, à droite.) Est-ce bizarre qu'il arrive dans notre vie un moment où nous avons comme un besoin de compliments qui nous rassurent contre les années : des admirations que, plus jeunes, nous aurions laissé passer... Eh bien ! je ne sais pas, il y a au fond de nous, pour la première fois, une espèce de reconnaissance... Oui, nous sommes touchées de ce qui nous flattait... Ma pauvre sœur avait raison quand elle me parlait de ce moment-là, de ce dernier feu de jeunesse qui se rallume un jour en nous, et dans la flamme duquel on voit passer encore une fois tous les désirs avec tous les regrets d'une vie d'honnête femme... (Elle se lève.) Ah ! on n'a plus l'avenir, c'est vrai .. (Regardant la porte par où Thérèse est sortie.) « J'en ferais mon cœur... » Mais c'est très-joli ce qu'elle a dit, cette bête-là !... Décidément, le bonheur parfait... c'est fade.

(Elle se rassied sur le canapé, à gauche.)

SCÈNE III

MADAME MARÉCHAL, HENRIETTE, accourant par la porte de droite.

MADAME MARÉCHAL.

Ah ! te voilà, paresseuse !

HENRIETTE.

Oui, mère, c'est moi.

MADAME MARÉCHAL.

Tu te lèves?

HENRIETTE.

Non... J'ai été à la messe, ce matin.

MADAME MARÉCHAL.

Tous les jours alors?... Qu'est-ce que tu as donc à demander au bon Dieu, mon enfant, dans ce moment-ci?

HENRIETTE.

Mais... rien, mère.

MADAME MARÉCHAL.

Que je t'aime plus, dis? (Elle l'embrasse. — Henriette s'assied. Madame Maréchal lui prend les mains.) Mets-toi là, tout près, que je te sente... Cher ange! tiens, je suis si habituée à toi, que, quand tu n'es pas là, c'est une drôle de chose, il me semble que j'ai froid!... Et quand on pense que j'ai désiré un garçon! Je ne t'aurais pas... C'est moi qui ne changerais pas à présent, par exemple!

HENRIETTE.

Mère!

MADAME MARÉCHAL.

Tu aimes si bien quand tu aimes!... Tiens! quelquefois, quand j'y pense, tu me fais peur avec ces tendresses que tu as... Chère fille! c'est que c'est terrible, les natures comme la tienne... Tu n'es que cœur, affection, sensibilité... Tu vaux mieux que la vie : te le pardonnera-t-elle?... (Elle se lève. Henriette la suit.) Tu as vu ton père ce matin?

HENRIETTE.

Non, maman. Je crois qu'il est allé à Paris.

MADAME MARÉCHAL.

Au fait, ce monsieur, tu sais... je pense qu'il va pouvoir s'en aller... Il va nous débarrasser... Enfin on sera chez soi. Ça devait te manquer, ton piano.

(Elle se dirige vers la table, et va pour prendre son métier de tapisserie.)

HENRIETTE.

Ah!... il va déjà si bien... assez bien pour s'en aller? J'en suis bien contente.

MADAME MARÉCHAL.

Mais voilà quinze jours...

HENRIETTE, avec une expression de peur.

S'il était mort ici!

MADAME MARÉCHAL.

Voyons! voyons! c'est fini, je te dis... (Elle lui prend les mains, et lui fait une petite caresse sur la joue.) Mais sais-tu que tu es bien belle ce matin? Comment, j'ai donc une grande fille comme ça? c'est à moi, ça? (Lui prenant les mains, et la tenant sous son regard, au bout de ses bras.) Ah! chérie, tu ne sais pas ce que c'est que d'embrasser sa jeunesse sur le front de vos seize ans... de vous regarder comme je te regarde là... de vous manger des yeux... et de se dire : Voilà ma beauté, ma grâce, mon orgueil, ma vie! Ce n'est plus moi maintenant, c'est elle!

(Elle se jette dans les bras de sa fille.)

HENRIETTE, dans un baiser.

Ma bonne petite mère!

SCÈNE IV

Les mêmes, M. MARÉCHAL entrant et les voyant s'embrasser.

M. MARÉCHAL.

Eh bien! eh bien! c'est cela! ne vous gênez pas! Après vous, s'il en reste... (A sa femme.) Bonjour, chère amie . (A sa fille.) Et qu'est-ce qu'on dit à ce père? (Henriette saute dans ses bras.) Oh! toi, tu es mademoiselle sans phrases, c'est une justice à te rendre : plus de baisers que de paroles avec toi ! Ce n'est pas que je m'en plaigne... (Il va mettre son paletot, à gauche.) Ah çà ! vous savez qu'il fait un temps superbe aujourd'hui... un soleil ! Vous sortez de votre lit, je suis sûr, vous autres? Il y a deux heures que vous devriez être sur pied... On fait une grande course avant son déjeuner, on marche, on va dans la rosée... Il n'y a rien de bon comme ça. (A sa fille, tirant une boîte de sa poche.) Tiens ! j'ai une petite bêtise pour toi.

HENRIETTE.

Oh ! une croix!... qu'elle est jolie ! merci, papa! (Elle court à sa mère assise sur le canapé à droite.) Vois donc, maman.

M. MARÉCHAL.

J'ai aussi quelque chose pour vous, Louise. (Il ouvre une boîte et la présente à sa femme.)

MADAME MARÉCHAL.

Des diamants? des diamants ! mais (regardant sa fille qui est auprès d'elle, derrière le canapé.), mon ami, ce n'est la fête de personne de nous aujourd'hui.

M. MARÉCHAL.

Pardon, ma chère, c'est la mienne.

MADAME MARÉCHAL.

La vôtre? la vôtre... mais du tout... C'est dans le mois de décembre...

M. MARÉCHAL.

Si, je vous assure, c'est la mienne. Il y a aujourd'hui trente ans, madame, trente ans, jour pour jour, que votre mari entrait à Paris, par la barrière de Fontainebleau, avec cinquante francs dans sa poche... cinquante francs, mon Dieu ! oui, pas plus, je n'avais que ça. Il ne faisait pas si beau qu'aujourd'hui, et j'avais un pantalon de toile. Un an après, ma fortune eût encore tenu à peu près dans le creux de ma main, mais j'avais mangé tous les jours. Dix ans après, j'avais cent mille francs, cent mille francs à moi, bien à moi, qui ne devaient rien à personne, qui ne me reprochaient rien, mais qui m'avaient coûté rudement cher! C'est difficile à mériter, allez! le premier argent, encore plus qu'à gagner, le diable m'emporte! Et ce qu'il faut d'énergie, de volonté, de travail, d'économie... je le sais, je vous en réponds. Je crois que je vous voyais d'avance, toutes les deux, ma parole d'honneur! dans ce temps-là, et que c'était ça qui me soutenait. (Il s'assied sur la chaise à côté de la table. Henriette est venue s'asseoir sur le canapé, à côté de sa mère.) A cinq ans de là, j'avais fait, de mes cent mille francs, trois cent mille francs. Vous me faisiez alors, madame, l'honneur de m'épouser, et vous me donniez plus que je ne vous apportais en me donnant le bonheur. Aujourd'hui, d'après mon dernier inventaire, j'ai... c'est-à-dire, vous avez deux millions...

MADAME MARÉCHAL, regardant Henriette.

Deux millions?

M. MARÉCHAL.

Deux millions... et même un peu mieux que cela. Eh bien! madame, eh bien! mon Henriette... (Madame Maréchal fait lever Henriette, et lui passant un bras autour de la taille, l'avance doucement vers son père.) C'est bon de se dire : Me voilà riche pour ma femme, pour ma fille... J'ai eu toutes les privations, je n'en veux pas une pour elles! Je sais ce que c'est qu'un désir; j'ai fait une tirelire où j'ai mis des pièces blanches tous les samedis, pendant des mois, pour m'acheter une commode en acajou que j'avais vue rue de Cléry... Elles, je ne veux pas qu'elles aient un désir! Qu'est-ce qu'elles veulent? du luxe? Eh bien! elles auront du luxe! Je leur achèterai du luxe! Du plaisir? je leur achèterai du plaisir, et de

tout ! (Il se lève.) Ah ! tu disais que ce n'était pas aujour-
d'hui ma fête ! (Sa fille se jette dans ses bras. Madame Maréchal
se lève.) C'est curieux !... il y a comme cela des moments
dans la vie où tout vous réussit... J'ai vu un temps où
je ne pouvais pas toucher une carte sans perdre; maintenant, je gagne toujours. Et pour tout, c'est de même.
C'est-à-dire que j'ai de la veine jusque dans les mal-
heurs qui m'arrivent... (A sa femme, en remontant la scène.)
Tu sais bien, la faillite Labourieux ? Eh bien ! c'est in-
croyable, il paraît que nous ne perdrons rien. Et mon
voleur de caissier que je retrouve l'autre jour au bal !...
Oh ! quand on se met à avoir les atouts en main...
(Henriette se met à travailler à un ouvrage de crochet.) Jusqu'à
notre maison, qui porte bonheur ! Tu sais notre blessé,
dont le médecin ne répondait pas d'abord ? Le voilà sur
pied, au bout de quinze jours... Un très-joli garçon, ma
foi ! que mon jeune homme... (Henriette fait un signe de tête en
travaillant.) Hein? tu l'as vu?

HENRIETTE.

Oh ! je lisais au jardin... dans l'allée... J'ai regardé
en l'air... j'ai vu quelqu'un qui m'a fait un grand salut
derrière les carreaux... ça m'a fait sauver...

M. MARÉCHAL.

Ah ! ça t'a fait sauver? Eh bien, va donc voir si on
nous donne à déjeuner... (Il la mène, en la tenant par la taille,
à la porte du fond.) Je crève de faim, je suis levé depuis
six heures, moi...

HENRIETTE.

Oui, papa.

(Elle sort.)

SCÈNE V

MADAME MARÉCHAL, assise et lisant; M. MARÉCHAL.

M. MARÉCHAL, allant à la table, auprès de madame Maréchal.

N'êtes-vous pas heureuse, aussi, vous, madame? je
ne dis pas autant que moi... mais un peu... assez pour
sourire à ma joie... Oh! ne vous étonnez pas de tout
l'amour que j'ai pour cette enfant... (Il désigne la porte par
laquelle Henriette est sortie.) Je lui dois tant! A mesure
qu'elle a grandi, chaque jour, elle m'a apporté un peu
du cœur de sa mère... C'est en l'embrassant que nous
nous sommes rapprochés! (Il prend lentement la main de sa
femme, et la baise.) Oh! je vous disais bien dans les com-
mencements de notre mariage : Ayez confiance, laissez
faire le temps, et vous verrez qu'un jour l'affection
viendra... Je la ferai venir à la fin, moi, je vous en
réponds.
(Il s'assied sur le canapé, à côté d'elle.)

MADAME MARÉCHAL.

Oui, mon ami. Si jamais un mari a mérité d'être
aimé...

M. MARÉCHAL.

Vous êtes contente de moi, Louise? tout à fait contente de moi? Dans votre salon, vous me trouvez comme
tout le monde, n'est-ce pas, comme tout le monde?
L'ouvrier, soyez franche, dites-moi tout... mais est-ce
que vous pouvez me blesser, vous? l'ouvrier, vous ne le
retrouvez plus, bien sûr? Voyez-vous ces deux sour-
cils-là, vous n'imaginez pas tout ce qu'ils m'ont fait
souffrir, quand ils se fronçaient à un mot qui m'échap-
pait, à un geste que je faisais... à une violence... Car je

sais, j'avais de vraies violences de peuple... Oh! non, c'est vrai, vous ne me disiez rien : vous me regardiez seulement : vous ne m'aimiez pas assez pour me dire ces choses-là... J'ai eu du mal tout de même à me faire une peau d'homme du monde: c'est dur à tailler dans du vieux!... Mais je m'étais juré que vous ne me regarderiez plus avec ces yeux-là, que vous laisseriez vos sourcils tranquilles, et que je ferais à la fin un mari comme un autre... qui ne vous rendrait pas trop malheureuse... Me suis-je tenu parole, Louise?

MADAME MARÉCHAL.

Mon ami... (Elle lui prend la main.) Tenez! je suis heureuse... et je ne demande qu'une chose, c'est de l'être toujours ainsi...

M. MARÉCHAL.

Et pourquoi ne le seriez-vous pas toujours?

MADAME MARÉCHAL.

Oui, pourquoi? (Elle se relève et lui pose les mains sur les épaules.) C'est vrai!

SCÈNE VI

LES MÊMES, un DOMESTIQUE annonce M. de Bréville.

M. MARÉCHAL, le présentant à sa femme.

Madame, le frère de notre jeune blessé.

MADAME MARÉCHAL.

Monsieur...

PIERRE.

Madame, je ne vous remercie pas... Mon frère vous
doit la vie : moi, je vous dois la vie de mon frère...

MADAME MARÉCHAL.

Oh ! mon Dieu... Mais, monsieur, cela ne mérite
pas... vraiment... En pareil cas, la plus simple huma-
nité... D'ailleurs, c'est mon mari... (Pierre serre la main de
M. Maréchal.) Et monsieur votre frère est tout à fait hors
de danger? M. Maréchal me disait tout à l'heure qu'il
n'y avait plus la moindre inquiétude à avoir.

PIERRE.

Oh! plus la moindre, madame. Il va même si bien
que, ne voulant pas abuser de votre bonne hospitalité,
il est en train de s'habiller pour venir prendre congé
de vous. Son médecin lui a permis ce matin de partir.

M. MARÉCHAL.

Partir? Mais il ne gêne personne. Et puis il n'est pas
si fort .. Hier, pour être resté levé quatre ou cinq
heures, il a manqué s'évanouir en se recouchant. Ce
serait une imprudence... (Il remonte la scène.) Ah! il veut
partir... Eh bien ! nous allons voir ça, sapristi ! Je sau-
rai bien le faire rester, moi.

(Il sort.)

SCÈNE VII

MADAME MARÉCHAL, PIERRE.

(Madame Maréchal s'assied sur le canapé, à droite, et fait signe
à Pierre de s'asseoir.)

PIERRE.

Ah ! madame, permettez-moi de vous faire mes compliments : j'ai rarement vu une aussi jolie propriété
que la vôtre.

(Il s'assied.)

MADAME MARÉCHAL.

Mon Dieu, monsieur, les affaires de mon mari le re-
tenant ici toute l'année, nous avons arrangé notre petit
coin pour nous y plaire... Nous avons mis le plus de
fleurs possible : ma fille les aime beaucoup. Il y a de
grands arbres qui nous enferment chez nous. Nous ne
voyons pas du tout Paris : cela nous empêche de le re-
gretter... Vous aimez la campagne, monsieur ?

PIERRE.

Beaucoup, madame... mais platoniquement... dans
les tableaux.

MADAME MARÉCHAL.

Monsieur votre frère est un tout jeune homme, à ce
qu'on m'a dit ?

PIERRE,

On ne peut plus jeune, madame... et j'ai tout lieu de
croire que cela durera...

MADAME MARÉCHAL.

Vraiment?

PIERRE.

Oui, j'espère qu'il me donnera pas mal de chagrins...

MADAME MARÉCHAL.

Comment?

PIERRE.

Mais, madame, il a tout ce qu'il faut pour cela : une jolie figure, une mauvaise tête, beaucoup d'honneur, pas un sou de raison, et tout plein de cœur. Qu'est-ce que vous voulez qu'il lui arrive d'heureux avec toutes ces mauvaises chances-là?

SCÈNE VIII

Les Mêmes, PAUL entre appuyé sur le bras de M. MARÉCHAL.

M. MARÉCHAL.

Le voilà, le voilà, ce petit scélérat... Je vous l'amène.

MADAME MARÉCHAL, à part.

Lui!... c'est lui!

M. MARÉCHAL, le présentant à sa femme.

Madame, M. Paul de Bréville .. Madame Maréchal... (A sa femme.) Il veut absolument partir. Il n'y a plus que toi, ma chère, pour lui faire entendre raison... Voyons, que diable! aujourd'hui n'est pas un jour comme les autres. Nous sommes tous heureux, contents... Tenez! voilà ce qu'il faut faire : vous allez passer la journée avec nous, et si ce soir le cœur vous en dit, si cela va très-bien... eh bien, on vous embarquera avec votre frère... Nous ne le lâchons pas jusque-là, n'est-ce pas, madame Maréchal?

MADAME MARÉCHAL.

Certainement... oui... monsieur... nous fera... un grand plaisir.

PAUL, s'avançant vers madame Maréchal.

Madame, je suis trop votre obligé pour vous rien refuser.

SCÈNE IX

LES MÊMES, HENRIETTE.

HENRIETTE, accourant.

Papa, on va déjeuner tout de suite.

M. MARÉCHAL.

Messieurs, l'enfant de la maison.
(Henriette fait une révérence.)

MADAME MARÉCHAL, à part.

Lui!... chez moi! C'est donc cela que j'y pensais...

UN DOMESTIQUE, annonçant.

Le déjeuner de madame est servi.

M. MARÉCHAL.

Bon. Tenez, monsieur Paul, vous allez vous installer sur le canapé. Vous avez des journaux, des livres... (Paul s'incline.) Monsieur de Bréville, voulez-vous bien donner le bras à ma femme?

4.

PIERRE.

Madame, je suis désolé, mais...

M. MARÉCHAL.

Mais quoi?

PIERRE.

J'ai déjeuné avant de partir.

M. MARÉCHAL.

Vous ne faites pas de cérémonies, je pense? Ah çà!
vous n'aurez pas dîné ce soir, j'espère? Eh bien, alors,
tenez compagnie à votre frère... Et à tout à l'heure.

(Il prend le bras de sa femme et sort par la serre, suivi par Henriette.)

SCÈNE X

PIERRE, PAUL.

PIERRE, après avoir regardé sortir Henriette,

Tu te sens bien?

PAUL.

Oui, très-bien.

(Il s'assied sur le canapé, à gauche.)

PIERRE.

Enfin te voilà hors d'affaire, Dieu merci! Ah çà! j'espère que tu vas être raisonnable, à présent. Un coup
d'épée a cela de bon, quand il ne vous tue pas, qu'il fait
de vous un homme. Mais à quoi penses-tu?

PAUL.

Moi? à rien.

PIERRE.

Tu as un air absorbé.

(Il s'assied sur le canapé, à côté de Paul.)

PAUL.

Mais non.

PIERRE.

Comment trouves-tu la jeune personne?

PAUL.

Mais assez bien, il m'a semblé.

PIERRE.

Assez bien!... Qu'est-ce qu'il te faut? Elle est charmante, cette jeune fille-là. Elle ne ressemble pas à ces poupées à ressort... Elle a un air aimant... quelque chose de doux et de profond...

PAUL.

Oh! je l'ai si peu regardée... Est-ce que tu trouves cela amusant, les jeunes personnes, toi?

PIERRE.

Mon ami, je commence.

PAUL, se levant.

Ah bien! alors, j'ai le temps! (Il se met à se promener lentement et semble chercher autour de lui.)

PIERRE.

Tiens! c'est une justice à nous rendre, nous sommes tous bien bêtes!

PAUL.

Nous?

PIERRE.

Oui, nous, les hommes. As-tu remarqué que pas un
de nous, quand il est jeune, ne cherche le bonheur...
l'amour, si tu veux, mon Dieu! ça y ressemble telle-
ment... là où il est, là où on le trouve, là où on n'a qu'à
se baisser pour le ramasser, et qu'à le prendre pour l'a-
voir? Quand on pense qu'il y a un moyen si simple d'ê-
tre amoureux et d'en avoir le droit, d'être amoureux
tranquillement, paisiblement, comme on est proprié-
taire, sans souci, sans tracas, sans jalousie du passé,
sans défiance de l'avenir, là, en toute sécurité, les pieds
dans ses pantoufles? (Paul tourne autour de la table, touche distraitement à ce qui est dessus, au métier à tapisserie.) Quand on
pense qu'on peut avoir cela, de l'amour, et du vrai, de
celui qu'on ne trouve pas dans les magasins, du vérita-
ble amour d'honnête femme, sans scandale, sans coups
et blessures, sans risque de flagrant délit, sans tous les
inconvénients de l'amour qui n'est pas garanti par le
gouvernement!

PAUL, s'asseyant sur le canapé, à droite.

Ah çà! parce que j'ai reçu bêtement un coup d'épée,
est-ce que tu aurais l'idée de me marier pour ma con-
valescence?

PIERRE.

Tu as raison. Il faut être vieux comme moi pour te
dire cela... (Il se lève.) Je suis stupide de vouloir te donner
mon expérience. C'est comme un habit noir, l'expérience : ça demande à être fait sur mesure... ça ne sert
que pour un! (Il va vers Paul.) Dis donc, Paul, tu n'aurais
pas envie de voyager?

PAUL.

Moi?

PIERRE.

Tu ne fais rien... pas même ton droit. Voyons, si nous arrangions là un beau voyage... (Il s'assied sur la chaise, à côté de la table, en face de son frère.) Tu n'as pas songé quelquefois à aller bien loin, en Orient, par exemple ? Un petit tour d'un an ou deux... Qu'en dis-tu ? Ça ne te sourit pas ?

PAUL.

Tu as entendu dire que les voyages formaient la jeunesse, n'est-ce pas ?

PIERRE.

Ils mûrissent bien le vin de Bordeaux !

PAUL.

Et tu crois qu'en me promettant des paysages, tu vas me faire quitter Paris ?... Paris ! Mais tu ne te rappelles donc pas ce que c'était pour toi quand tu avais mon âge ? Paris ! mais rien que ce mot-là... On voit la liberté de sa jeunesse et la femme qu'on aimera ! Tout ce qu'on s'est figuré... ce qu'on espère de la vie et ce qu'on n'en sait pas... c'est là ! Paris ! mais c'est le rendez-vous donné par les romans à vos rêves ! Paris ! je n'y ai encore vécu qu'une nuit... et il me semble qu'on y marche comme dans une féerie de théâtre... à travers des surprises et des enchantements qui vous enveloppent... au milieu de femmes voilées qui vous échappent...

PIERRE.

Ah ! ton domino ! toujours ton domino !

SCENE XI

PIERRE, PAUL, M. MARÉCHAL, MADAME MARÉCHAL,
HENRIETTE, revenant de déjeuner. Madame Maréchal donne le
bras à Henriette.

M. MARÉCHAL.

Voilà ! c'est fait !

PIERRE.

Déjà ?

M. MARÉCHAL.

Oh ! ma fille mange comme un oiseau... Ma femme n'a
pour ainsi dire pas déjeuné... Il n'y a que moi... (Madame
Maréchal va s'accouder au canapé, à gauche ; Henriette, assise sur la
chaise basse auprès du canapé, tire son crochet de sa poche et se
met à travailler. — A Pierre.) Ah çà ! mais vous fumez,
n'est-ce pas ?

PIERRE.

Comme un homme qui a vécu dans la patrie des ci-
gares... Voyez-vous, on a beau dire, le tabac, pour la
santé... c'est encore le meilleur des poisons.

M. MARÉCHAL, à Henriette.

Te voilà déjà fourrée dans ton ouvrage, toi ?

HENRIETTE.

Je voudrais finir ça... Tiens, jusque-là.

M. MARÉCHAL.

Laisse donc ! c'est très-mauvais après ses repas de
travailler tout de suite... Tu ne prends jamais d'exer-
cice. Viens donc faire un petit tour. Allons, viens donc

avec nous... (Il l'entraîne avec lui. Madame Maréchal fait signe à sa fille d'aller avec son père. — A Paul.) Je vous laisse ma femme.

SCÈNE XII

MADAME MARÉCHAL, PAUL.

MADAME MARÉCHAL, à Paul qui s'est levé.

Eh bien, monsieur, vous ne vous trouvez pas trop fatigué?

PAUL.

Non, madame, je vous remercie... Je me sens très-bien, au contraire... et je suis bien content. (Madame Maréchal s'est assise sur le canapé, à gauche.) C'est que j'ai eu grand'peur de mourir. Quand mon frère venait les premiers jours, je voyais qu'il avait pleuré... On regarde beaucoup, quand on en est là, le visage de ceux qui vous aiment... Et cela me paraissait bien dur de m'en aller ainsi, de tout quitter, la vie avant d'y avoir goûté... Ce qu'on ne connaît pas, si vous saviez comme cela paraît beau! Et puis mourir, c'est toujours mourir... (Il s'assied sur la chaise basse auprès de madame Maréchal.) Oh! mais je ne sais pas pourquoi je vous dis cela; je n'y pense plus: aujourd'hui je vais si bien, je me sens vivre, et je suis tout heureux de vivre...

MADAME MARÉCHAL.

Oui, c'est ce qui arrive... Je me rappelle, après une maladie, une sensation comme celle que vous dites là... la vie qui revient comme une joie... Mais aussi pourquoi vous battre? Vous n'avez pas songé à votre mère..

PAUL.

Je n'ai plus de mère, madame.

MADAME MARÉCHAL.

Mais comment monsieur votre frère, qui me parait raisonnable, et qui vous aime, il me semble...

PAUL.

Comme un père, madame. C'est pour cela qu'il m'a laissé me battre...

MADAME MARÉCHAL.

Oh! mon Dieu! mais c'était donc bien grave?

PAUL.

Oh! du tout, madame... Une querelle de bal masqué tout simplement...

MADAME MARÉCHAL.

De bal masqué?

PAUL.

Oui, un monsieur qui, à l'Opéra...

MADAME MARÉCHAL.

A l'Opéra?

PAUL.

Vous n'avez jamais été au bal de l'Opéra, madame?

MADAME MARÉCHAL, froidement.

Non, monsieur.

(Elle se lève.)

PAUL, se levant.

Oh! pardon... Mais je vous demandais cela... On m'avait dit que quelquefois des femmes mariées avaient la curiosité de s'y faire mener par leurs maris... une fois dans une loge... pour voir... (Madame Maréchal va s'asseoir sur la chaise près de la table et prend sur ses genoux son métier à tapisserie. — Paul est debout tout près d'elle.) Eh bien ! au dernier bal, à la mi-carême, un domino comme cela, qui avait perdu son mari et qui était insultée par un monsieur, réclama mon bras : cela a amené entre ce monsieur et moi un échange de paroles... un peu vives... et voilà d'où vient mon coup d'épée, madame.

MADAME MARÉCHAL.

Mais c'est une aventure, s'il vous plaît ! Vous vous êtes conduit là en chevalier... Et vous ne connaissiez pas la femme ?

PAUL.

En aucune façon.

MADAME MARÉCHAL.

Oh ! mais nous ne sommes plus habituées à ces dévouements-là... Comment, vous manquez de vous faire tuer pour une femme qui ne vous a pas seulement remercié... peut-être ?

PAUL.

Me remercier ? Mais elle ne sait pas que je me suis battu pour elle ! Elle s'est sauvée, et elle n'était plus là quand la provocation a eu lieu... C'est bien jeune, vous trouvez, n'est-ce pas, ce que j'ai fait là ? Se battre pour une vision... pour une femme à peine entrevue, qui passe par hasard, un moment, dans votre vie... Que voulez-vous ? maintenant cela me fait un petit bonheur au fond de moi... Je me dis qu'il y a quelque chose entre nous, et que c'est impossible qu'il n'y ait pas quelque chose... Si j'étais mort, il me semble qu'elle aurait pleuré, ce jour-là, sans savoir...

5

MADAME MARÉCHAL.

Quelle idée !

PAUL.

Et puis cette heure à ses côtés au bal... sa robe que je sentais... (Madame Maréchal se recule.) les pensées qui me sont venues près d'elle... sa voix qui me touchait... Ah ! cela vaut bien les quelques gouttes de mon sang que je lui ai données ! Vous souriez ? Je suis sûr que dans la vie on fait encore de plus mauvais marchés que ça !... Et puis je peux la rencontrer, la retrouver... Pourquoi ça ne recommencerait-il pas, le hasard ?

MADAME MARÉCHAL, retournant la tête vers lui.

Parce que c'est le hasard... Mais, vraiment, monsieur, il faut que vous soyez enfant, mais enfant comme on ne l'est pas ! Vous êtes unique avec votre femme mariée !... Quelque lorette qui se sera amusée de vous et qui aura joué le sentiment...

(Elle se lève et descend la scène.)

PAUL, la suivant.

Ah ! madame, c'est que vous ne l'avez pas entendue ! non, non... C'était une femme... mon Dieu ! une femme... comme vous...

MADAME MARÉCHAL, se retournant.

Je vous remercie bien... Et à quoi avez-vous reconnu cela, monsieur ? Je serais curieuse ?...

PAUL.

A rien, madame, et à tout ! A des paroles qui lui montaient aux lèvres et qu'elle ne disait pas, au respect que je respirais près d'elle ! Elle ne m'a pas même laissé toucher sa main... Et pourtant elle a été attendrie un moment...

MADAME MARÉCHAL.

Ah ! vraiment ? attendrie, vous croyez ?

PAUL.

Oh ! ç'a été une minute, madame, je ne vous dis
pas... Elle n'y aura plus pensé après... En ôtant son
masque, elle ne se sera plus souvenue ; mais là, dans
le bal, sur la banquette où nous étions... oh ! je suis sûr
qu'il y a eu un instant... Je la regardais... elle m'a
regardée... (Les yeux de Paul et de madame Maréchal se rencon-
trent. — Un silence.) et nous sommes restés une seconde à
ne nous rien dire... (Un silence, les yeux baissés.) Cette
seconde-là, allez ! elle me l'a bien donnée...

MADAME MARÉCHAL.

Oh ! si vous en êtes si sûr que cela... (Elle remonte la
scène. — Se retournant.) Allons, tenez ! je vois ce que c'est :
vous serez tombé, je parie, sur quelque femme de
chambre de bonne maison, qui aura pris le domino et
les airs de sa maitresse... (Revenant à lui.) Eh bien ! je
vais vous donner un conseil... Il ne faut plus penser à
cela, voyez-vous. Vous finiriez par vous rendre ridicule...

(Elle remonte la scène et va vers le fond arranger un vase de fleurs.)

PAUL, la suivant comme attiré.

Et pourquoi n'y plus penser, madame ? Qu'est-ce que
ça fait que les romans soient faux ? Ils sont plus beaux
que la vie, voilà tout ! (Aux paroles de Paul, madame Maréchal
tourne lentement sur elle-même.) Pourquoi ne voulez-vous pas
que je croie à cette douce aventure d'une femme du
monde, jeune et belle... comme vous... égarée là, un
soir, curieuse et tremblante, au milieu de tout ce plaisir ?
Pourquoi ne voulez-vous pas que cette femme ait laissé
tomber un regard sur ma jeunesse ? Et pourquoi ne
voulez-vous pas que j'y pense (Madame Maréchal va lentement
vers la cheminée.) quand il me semble que vous m'y faites

songer davantage... quand je crois la sentir dans je ne
sais quel parfum qui vous entoure... dans je ne sais
quoi de vous qui a l'air d'être elle ? Pourquoi ne voulez-
vous pas ?

MADAME MARÉCHAL, se retournant vivement et s'accoudant
à la cheminée.

Mais, moi, je ne veux rien... Sans doute, je n'ai aucun
droit... Et je ne puis vous défendre...

SCÈNE XIII

LES MÊMES, HENRIETTE, accourant tout essoufflée.
MADAME MARÉCHAL.

Ah ! te voilà... arrive ! Qu'est-ce que tu as fait de ces
messieurs ?

HENRIETTE.

Oh ! papa est en train de montrer la fabrique... je les
ai laissés.

MADAME MARÉCHAL.

Ton père est étonnant pour cela... Il croit que c'est
amusant pour tout le monde... Mais comme tu as chaud !
tu as couru ?...

(Elle lui essuie le front avec son mouchoir.)

HENRIETTE, s'asseyant sur le canapé à gauche, avec sa mère.

Mais non, maman.

(Un silence.)

MADAME MARÉCHAL.

Vous savez, monsieur... si vous voulez lire... vous
avez là des Revues...

PAUL.

Je vous remercie, madame.

(Un silence.)

HENRIETTE, à madame Maréchal.

Trouves-tu le dessin de mon crochet plus joli que celui de madame Lubert?

MADAME MARÉCHAL.

Oui, oui... c'est plus léger. (Un silence. — Elle prend un peloton de laine sur la cheminée et revient le dévider sur le canapé avec sa fille. — A Paul.) Vous allez beaucoup dans le monde, monsieur de Bréville?

PAUL, s'avançant.

Oh! madame, je voudrais bien... J'ai été seulement à deux bals cet hiver...

MADAME MARÉCHAL.

Vous dansez?

PAUL.

Tant que je peux, madame.

MADAME MARÉCHAL.

C'est de votre âge... Comment, deux bals seulement?

PAUL.

Oui, une fois chez madame d'Anjorand...

MADAME MARÉCHAL.

Ah! oui, je connais... Elle invite beaucoup de jeunes gens... Elle trouve que c'est meublant pour un salon. (Paul se recule un peu. — Un silence.) Est-ce que vous comptez faire quelque chose, monsieur?

PAUL.

Mon Dieu! madame, j'aurais été seul, sans mon frère,
j'aurais pris une carrière...

MADAME MARÉCHAL.

Laquelle?

PAUL.

Je serais entré à Saint-Cyr.

HENRIETTE, levant les yeux vers sa mère.

Ah!

MADAME MARÉCHAL.

Militaire, vraiment? C'est en voyant des uniformes
que cette vocation-là vous est venue?

PAUL.

Non, madame, c'est en regardant le portrait de mon
père.

(Il va vers la table à droite.)

UNE FEMME DE SERVICE, paraissant à la porte. A madame
Maréchal.

Madame, il y a en bas cette femme... dont le mari a
été tué à la fabrique, vous savez...

MADAME MARÉCHAL. Elle se lève.

Ah! oui, c'est vrai, c'est le jour de son mois...(A Henriette.) Il faut donner l'argent à cette pauvre femme.

HENRIETTE, avec peur.

Oh! maman!

MADAME MARÉCHAL.

Est-ce que tu as peur de la voir?

HENRIETTE.

Non... j'ai peur de pleurer.

MADAME MARÉCHAL.

Eh bien, alors j'y vais.

(Elle sort en faisant un geste de caresse à sa fille.)

SCÈNE XIV

HENRIETTE, PAUL.

HENRIETTE, s'avançant timidement, tout en travaillant, vers Paul
qui feuillette sur la table.

Vous n'avez pas de sœur, monsieur?

PAUL.

Non, mademoiselle.

HENRIETTE.

C'est que vous parliez tout à l'heure des bals de madame d'Anjorand... Maman m'y mène quelquefois... Et
si vous aviez eu une sœur, j'aurais eu le plaisir de l'y
rencontrer.

PAUL.

Ma foi, mademoiselle, j'aurais bien voulu... Il n'y a
que des hommes dans notre famille... Nous sommes
quelquefois quinze cousins à table... c'est lugubre.

(Il prend un album sur la table et l'ouvre.)

HENRIETTE.

Ah! c'est mon album.

PAUL.

Pardon, mademoiselle.

(Il le referme.)

HENRIETTE.

Oh ! vous pouvez regarder... C'est de tous les gens qui
sont venus ici... une petite pensée qu'ils nous ont laissée
d'eux...

(Elle lui tourne le dos, en s'appuyant à demi au dossier de la
chaise.)

PAUL, à part.

L'invitation à l'album... (Haut.) Vous aimez les souvè-
nirs, mademoiselle?

HENRIETTE.

Oh ! beaucoup... Je vais vous dire quelque chose...
Vous ne rirez pas... Quand j'ai donné la main à une
personne que j'aime, je garde les gants que j'avais...
J'en ai tout un tiroir... (Elle regarde par la porte vitrée à
droite.) Mon maître de dessin...

(Elle fait une révérence à Paul et se sauve.)

SCÈNE XV

PAUL, assis sur le canapé à droite, puis Thérèse.

PAUL, seul.

Écrire sur un album de demoiselle, c'est commode !
Mais je ne sais pas, je n'ai jamais appris, moi...

THÉRÈSE, avec un paquet sur le bras. Elle entre en criant.

Mademoiselle ! mademoiselle ! C'est le peintre...
Tiens!... mademoiselle est déjà montée? (Paul lui fait signe

que oui.) Et ça va bien, monsieur Paul? C'est vrai que
vous partez ce soir? Vous allez manquer à la maison...
On avait l'habitude de vous... Mademoiselle me demandait tous les matins de vos nouvelles... Moi... je suis
sûre que j'entrerai dans votre chambre, comme si vous
y étiez...

(Elle va pour sortir.)

PAUL, se levant et venant s'asseoir sur la chaise près de la table.

Viens un peu ici... Sais-tu que tu es une fameuse
garde-malade, et que si je ne t'avais pas eue...

THÉRÈSE.

Dame! monsieur, aux Enfants-Trouvés où madame
m'a prise, quand les malades donnaient, j'étais un peu
infirmière...

PAUL.

Tu es une brave fille... Tiens!

(Il lui met de l'argent dans la main.)

THÉRÈSE.

Oh! tant que ça!... Gardez donc... On n'a jamais
trop d'argent, un jeune homme...

PAUL.

Va donc! va donc! Tu t'achèteras quelque chose...
Qu'est-ce que tu t'achèteras, voyons?

THÉRÈSE.

Eh bien! monsieur, j'achèterai une chaine de montre,
pour porter, quand j'aurai ça sur le dos... (Elle déplie un
domino.) Hein? la belle soie...

PAUL, avançant la main.

Mais c'est... c'est un domino !

THÉRÈSE.

Oui... que m'a donné madame... pour m'en faire une robe... (Elle lui apporte le domino.) La jolie dentelle, n'est-ce pas? C'est du Chantilly, voyez-vous? Par exemple, ce n'est pas pour moi, la dentelle... (Elle lui enlève des mains le domino.) On devrait s'amuser, n'est-ce pas, avec un si beau domino que ça? (Elle le jette sur ses épaules, et le retire presque aussitôt.) Eh bien, comme c'est drôle, depuis que madame l'a mis, il y a de cela quinze jours...

PAUL.

A la mi-carême?

THÉRÈSE, repliant le domino.

Oui, juste... eh bien! elle a toujours l'air d'être dans ses réflexions...

PAUL, se levant.

Ah!

THÉRÈSE, revenant au moment de sortir.

Allons, je vous remercie bien, monsieur Paul... mais vous savez, vous ne m'auriez rien donné, ça aurait été tout de même.

(Elle sort à gauche.)

SCÈNE XVI

PAUL, puis madame MARÉCHAL.

PAUL.

C'est elle! C'était elle! C'est elle!

(Il tombe assis sur la chaise près de la table.)

MADAME MARÉCHAL, entrant par le fond.

Ah! vous êtes seul, monsieur? Ces messieurs ne sont pas encore rentrés? Mais qu'est-ce que vous avez?... Est-ce que vous souffrez?

PAUL.

Un peu, madame... oh! presque pas...

MADAME MARÉCHAL.

Voulez-vous que je sonne? que je fasse monter un domestique pour vous aider à regagner votre chambre?

PAUL, se soulevant sur la chaise.

Merci, madame, merci... ç'a été un élancement... et puis, ce n'est plus rien...

MADAME MARÉCHAL.

Oh! vous êtes pâle... Respirez un peu, tenez!

(Elle lui présente un flacon. Il le regarde, le prend à mains jointes, se dresse debout.)

PAUL.

Vous l'aviez, vous rappelez-vous?... C'était vous! C'est vous!

MADAME MARÉCHAL.

Monsieur...

PAUL.

Je vous dis que c'est vous! Mais puisque je le sais!.. puisqu'on me l'a dit! puisque c'est vous!... Ah! vous ne vouliez pas me laisser rêver! Eh bien, madame, je ne rêve plus!

MADAME MARÉCHAL.

Monsieur, je ne sais vraiment où vous prenez...

PAUL.

Madame, vous étiez au bal, à l'Opéra, à la mi-carême...

MADAME MARÉCHAL.

Monsieur!...

PAUL.

Ah! tenez, c'est inutile encore une fois... Je viens, il n'y a pas cinq minutes, de toucher le domino que je tâchais d'effleurer de mes lèvres cette nuit-là!

MADAME MARÉCHAL.

Eh bien! oui, monsieur, j'y étais. Après? J'ai même causé avec vous. J'ai peut-être eu tort, mais c'est vrai. Après? Quel droit cela vous donne-t-il à me parler chez moi de choses que je ne dois pas entendre?... Nous ne sommes plus en carnaval, monsieur. Ici, vous êtes M. de Bréville, et je suis madame Maréchal... Je suis mariée, je suis mère, j'aime mes devoirs, monsieur, mon mari et ma fille... Vous m'avez compris, je pense?

(Elle passe devant lui, et va s'asseoir sur le canapé à droite.
Un silence.)

PAUL, après avoir rapporté lentement le flacon qu'il pose sur la table.

Ah! tenez! tout à l'heure, madame, vous me disiez que j'étais un enfant... Un enfant, ce n'est pas dange-reux....Eh bien! supposez-moi encore plus jeune que je ne suis... que je sois un enfant tout à fait... pas autre chose... Alors, on a des adorations qui ne font de mal à personne... Les gens âgés en sourient, les plus mé-chants leur pardonnent, le mari ne s'en inquiète pas... et la femme... (Il s'avance derrière le canapé.) la femme s'en laisse caresser comme par le parfum de ce qui fleurit, et la musique de ce qui chante. (Il passe derrière elle et lui parle dans le dos.) Cela flotte et voltige autour d'elle... à peine si cela l'effleure... C'est de l'amour... mais de l'amour qui ne dérange rien de sa vie... qui ne prend rien de son cœur... qui ne veut rien d'elle que ce qu'elle donne à tout le monde... De l'amour... qui n'est pas de l'amour! (Il s'appuie et se penche sur le canapé.) La regarder quand elle ne vous regarde pas, s'endormir avec une phrase qu'elle vous a dite, se tenir tout petit et tout content dans l'ombre de sa robe... et puis, un jour, une fois, un moment, dans une promenade, sentir la chaleur de son bras passé autour du vôtre... Mais on ne demande rien de plus! La femme dit : C'est un enfant...

(Paul est tout à fait derrière madame Maréchal,
qui détourne la tête.)

MADAME MARÉCHAL.

Monsieur, restons-en là, je vous en prie, pour vous et pour moi...

(Elle se lève, et va vers le fond pour sortir.)

PAUL, l'arrêtant en se mettant devant elle.

Ah! écoutez-moi encore un peu... Mais c'est impossible que je ne vous sois rien... Il y a comme une main qui nous a poussés l'un vers l'autre... une fatalité, si vous voulez, je ne sais pas... Cette rencontre... ce coup d'épée qui me jette mourant à la porte de votre parc... moi ici, chez vous!... Oh! vous n'auriez pas le courage de me chasser!...

MADAME MARÉCHAL.

Monsieur, au dîner, vous ne me verrez pas : je serai malade... Et je vous demande de ne jamais chercher à me revoir... jamais, entendez-vous?

PAUL.

Oh! par grâce, pitié!... vous revoir!... si! vous revoir! Oh! restez! (Il parle dans le dos de madame Maréchal qui fuit lentement vers la droite, devant le canapé.) Je voudrais tant!... Aujourd'hui!... rien qu'aujourd'hui!... jusqu'à ce soir!... Encore un peu!... Oh! vous serez bonne... Ce sont mes nuits de fièvre... voyez-vous... Je ne dormais pas... toujours la même idée... toujours vous!... On devient fou!...(Madame Maréchal se retourne.) Oh! pardon... je ne dirai plus cela... Ne me renvoyez pas, dites? Que je reste... oh! que je reste!... Madame... Madame... (Il tombe sur le canapé. D'une voix qui s'éteint.) Ah! tenez, maintenant, je ne m'en irai pas... Je... je ne peux plus...

(Il s'évanouit.)

Madame Maréchal le regarde, s'arrête, hésite, court à la sonnette de la cheminée, sonne, fait un geste d'impatience et d'angoisse, puis court à Paul évanoui, lui jette un baiser sur le front, recourt vers la sonnette, se retourne, aperçoit Paul soulevé sur le canapé et lui tendant les bras. Elle pousse un cri et se cache la figure dans ses mains.

FIN DU DEUXIÈME ACTE

ACTE III

———

TROUVILLE

(Un petit salon dans un chalet de Trouville, porte au fond. Portes
avec portières à gauche et à droite, celle de droite menant à la
chambre de madame Maréchal, celle de gauche à la chambre d'Henriette. — A gauche, une cheminée ; à côté, un bonheur du jour, une
chaise, une table à ouvrage, un fauteuil, une chaise. — A droite,
un guéridon entre deux chaises. — Canapés au fond.)

SCÈNE I

MADAME MARÉCHAL, seule, assise sur un fauteuil, près de la table
à ouvrage. Elle regarde la pendule.

Il est maintenant en wagon... Je croyais qu'il ne par-
tirait jamais .. Il m'a dit : Comme tu m'embrasses ! J'ai
eu peur qu'il ne me regardât... Parti ! j'ai besoin de me
répéter cela... C'est qu'il faut si peu de chose ! On a
beau tout combiner, tout arranger, penser à tout... un
accident, un rien, une de ces bêtises qui arrivent, mon
Dieu ! il ne faut que cela !... Huit heures !... Oh ! ces
aiguilles, quand on les regarde, elles n'ont pas l'air de
marcher... Voyons ! faisons quelque chose... (Elle prend
une bande de tapisserie, essaye de travailler, et la laisse retomber)
Ah ! c'est tuant, cette vie-là, de toujours lutter, de toujours veiller, d'avoir toujours besoin de toutes ses for-
ces et de toute sa volonté , d'être là toujours aux
écoutes... avoir peur du regard d'un domestique... de

ses rêves, la nuit! Il y a des moments, il me semble, où je deviens stupide... J'ai des choses qui se brisent dans ma tête... Encore quatre heures!... Oh! il sera exact... (*Elle se lève et s'assied à droite sur la chaise, à côté du guéridon.*) Qu'est-ce que peut faire Henriette? Les autres fois, elle est moins longtemps, quand elle va jusqu'au chemin de fer avec son père... Je dirai que je suis fatiguée, je ferai servir le thé de bonne heure... Je voudrais être un peu seule avant qu'il ne vînt, pour que toutes mes pensées l'attendent!...

SCÈNE II

MADAME MARÉCHAL, M. MARÉCHAL, entrant et jetant un sac de voyage sur un canapé.

MADAME MARÉCHAL.

Vous! c'est vous?

(*Elle se lève.*)

M. MARÉCHAL.

Mon Dieu, oui, c'est moi, ma chère amie. Vous retardez de dix minutes simplement, voilà. C'est absurde, cette heure de Paris qu'on rapporte... et puis, on n'est plus à l'heure d'ici. (*Il va à la pendule et fait marcher les aiguilles.*) J'ai parfaitement manqué le train avec tout cela.

MADAME MARÉCHAL, se rasseyant et se mettant à travailler.

Oh! vous d'abord, pour partir, vous mettez toujours un temps...

M. MARÉCHAL.

Bon! c'est ma faute à présent.

MADAME MARÉCHAL.

Et votre rendez-vous pour demain ?

M. MARÉCHAL.

Eh bien, mon rendez-vous... qu'est-ce que vous voulez ? je n'y serai pas. J'ai envoyé une dépêche... Il va
falloir que je parte demain matin par le premier train...
Oh ! c'est une journée de perdue... Tenez, voilà les
journaux, la *Revue*... c'était là, en bas, depuis ce matin
midi... mais avec nos domestiques !... (Il regarde sa femme.
Vous ne les lisez pas ?

MADAME MARÉCHAL.

Parcourez-les, vous me direz ce qu'il y a d'intéressant.

M. MARÉCHAL, s'asseyant de l'autre côté du guéridon.

Le Crédit mobilier a ouvert au-dessous de 1,100...
Voyons combien a fait le Comptoir d'escompte ? 765...

MADAME MARÉCHAL.

Est-ce que vous allez me lire le cours de la Bourse,
mon ami ?

M. MARÉCHAL.

Pardon !... voyons... Les nouvelles télégraphiques...
« La crise ministérielle a abouti à un arrangement. Une
position officielle a été rendue au prince Kong... » Ah !
c'est en Chine... Un grand article sur l'hégémonie de
l'Herzégovine... Ça vous est égal ?... Un anonyme vient
de restituer au Trésor public... heu... heu... heu... Ah !
« Hier au soir, une détonation a jeté l'émoi... » C'est
toujours intéressant. « Hier au soir, une détonation a
jeté l'émoi... » (Il regarde sa femme.) Mais vous ne m'écoutez pas, ma chère ?

MADAME MARÉCHAL.

Moi? si... si... c'est que je comptais mes points...
J'ai pris un dessin terrible...

M. MARÉCHAL.

« M. R...! à Luzarches! ancien agent de change! »
Mais c'est Roger! c'est Roger, mon Dieu!

MADAME MARÉCHAL.

Celui qui avait cette jolie femme blonde?

M. MARÉCHAL.

Il l'a tuée!

MADAME MARÉCHAL.

Tuée!

M. MARÉCHAL.

Net! Lis...

(Il lui donne le journal.)

MADAME MARÉCHAL, parcourant des yeux le journal.

Oh! c'est affreux!... Mais reprenez, reprenez donc ce
journal!

(Elle le repousse sur le guéridon.)

M. MARÉCHAL.

Oui, affreux; mais que veux-tu? On n'a plus sa tête,
on doit voir tout rouge dans ces moments-là... Un mariage d'inclination! Il l'adorait. Je me rappelle, sur
les boulevards, en nous promenant, avant son mariage,
il m'en parlait... il était comme un fou! (Il se lève et se
promène.) Une femme qui lui devait tout... Elle n'avait
rien... Sa mère et elle brodaient des mouchoirs, quand
il l'a connue... Il lui a donné voiture tout de suite, des
chevaux, une maison, tout ce qu'elle voulait! Il ne lui
refusait rien. Il se saignait pour elle. Pendant dix ans,
il travaillait toute la journée comme un nègre, et il la

menait dans le monde le soir... Il se couchait à trois
heures du matin, il se levait à cinq heures... C'est lui
que je plains, moi...

MADAME MARÉCHAL.

Henriette n'est donc pas revenue avec toi?

M. MARÉCHAL.

Non. Nous avons rencontré madame de Noisy et sa
fille. Elles vont te la ramener.

MADAME MARÉCHAL.

Je pense à cette pauvre femme... C'est horrible... Il
faut être si sûr!

M. MARÉCHAL.

Sûr? Et que veux-tu de plus? Tu n'as donc pas lu? Il
l'a surprise, la nuit, dans sa chambre, une nuit où elle
le croyait absent...

MADAME MARÉCHAL.

Ah! oui... elle le croyait absent... oui...

M. MARÉCHAL.

C'est toujours comme cela que cela arrive, du reste.

MADAME MARÉCHAL.

Où as-tu rencontré ces dames de Noisy?

(Elle se lève.)

M. MARÉCHAL.

Elles étaient à la porte du bijoutier. (Il s'assied.) Savez-
vous, ma chère amie, quelque chose qui me trotte dans
la tête depuis quelque temps? Est-ce que vous ne trouvez pas que notre Henriette a souvent maintenant un
air triste, préoccupé?... Elle a toujours été un peu sé-

rieuse, je sais bien... mais voilà plusieurs fois que je remarque...

.MADAME MARÉCHAL.

Henriette?

(Elle remonte la scène.)

M. MARÉCHAL.

Oui, Henriette. . C'est que ce n'est plus un enfant que notre fille. Il faut bien nous mettre cela dans l'idée... Et elle aurait un petit sentiment, que ça ne m'étonnerait pas du tout. Alors vous ne vous êtes pas aperçue ?...

MADAME MARÉCHAL.

Hein? Moi... non.

M. MARÉCHAL, reprenant son journal.

Je vous dis cela, c'est une idée. Vous savez, on sent ces choses-là... Oh! je ne lui en voudrais pas. Nous ne pouvons pas toujours, nous autres pères, prendre toute la place dans le cœur de nos enfants, il faut être juste.

MADAME MARÉCHAL, allant à la cheminée.

Sans doute... oui, sans doute.

M. MARÉCHAL.

Tiens! si tu lui en parlais? Je voudrais que tu lui en parles... Tu verrais.:.

MADAME MARÉCHAL.

Bien, mon ami, bien... oui... oui... Est-ce que vous avez vu ce bateau qui est échoué sur la plage? Ces pauvres gens font leur quête ce soir...

M. MARÉCHAL.

Oh! je connais ça : ici, c'est un métier de s'échouer.

(Un silence.)

MADAME MARÉCHAL.

Tenez! si vous restez, vous allez vous endormir, je suis sûre, comme hier...

M. MARÉCHAL, se levant.

Moi, par exemple!... Enfin, je vais toujours voir.

MADAME MARÉCHAL.

Ah! si vous rencontrez M. Pierre de Bréville, envoyez-le-moi donc, cet ours-là... Il y a un siècle...

M. MARÉCHAL.

Je passerai au Casino... (Sur la porte.) Eh bien, n'oublie pas Henriette, n'est-ce pas? Si tu trouves une occasion...

(Il sort.)

SCÈNE III

MADAME MARÉCHAL, seule.

Mon Dieu! pourvu qu'il le rencontre! s'il ne le rencontre pas! Mais Paul ne saurait pas qu'il est revenu! Il viendrait!... Oh! il le rencontrera... Ce journal! J'en ai encore froid! (Elle tombe assise sur une chaise.) Ah! moi qui n'en trouvais pas assez d'émotions dans ma vie! Ma fille... Il me parlait de ma fille... mon Dieu! Qu'est-ce qui m'aurait dit cela, qu'un jour il ne me resterait plus d'idées pour penser à ma fille!

SCÈNE IV

MADAME MARÉCHAL, HENRIETTE.

MADAME MARÉCHAL.

Ah! te voilà revenue, Henriette !

HENRIETTE. (Elle va mettre son chapeau sur le bonheur du
jour et revient.)

Oui, mère. J'étais avec madame de Noisy, qui m'a
ramenée jusqu'à la porte... Est-ce que j'ai été longtemps?

MADAME MARÉCHAL.

Non... non.

HENRIETTE.

On ne m'embrasse pas? (Elle se penche vers sa mère pour être
embrassée.) Ah! ce n'est pas vos yeux pour embrasser, ça,
maman?

MADAME MARÉCHAL.

Enfant!
(Elle l'embrasse.)

HENRIETTE.

J'ai été si longue... Je vais te dire... Louise de Noisy
a voulu que je reste pendant que le bijoutier lui perçait
les oreilles... Tu sais, c'est la mode ici... Et puis il y
avait un monde fou sur la plage. (Elle va à gauche.) Nous
avons été arrêtées par un tas de gens, des connais-
sances .. les Lourmel, les Terval... (Elle ôte son châle; tournant le dos à sa mère.) Ah! j'ai été saluée par M. Pierre de
Bréville.

MADAME MARÉCHAL.

Ah! M. Pierre de Bréville...

HENRIETTE.

J'étais avec papa, nous revenions du chemin de fer.

MADAME MARÉCHAL, avec un mouvement de joie.

Il le dira à son frère... je serai sauvée!... (A Henriette.)
Viens donc ici, ma chérie. (Henriette s'assied sur une chaise à
côté de sa mère.) Mais tu fais bien peu de toilette pour Trouville, il me semble?

HENRIETTE.

Tu ne me trouves pas assez belle, maman?

MADAME MARÉCHAL.

Tu sais, pour moi... Cela ne t'amuse pas, la mer?

HENRIETTE.

Oh! si!

MADAME MARÉCHAL.

Tu ne trouves pas cela un peu triste? C'est si grand...

HENRIETTE.

Ce n'est pas plus triste que le ciel.

MADAME MARÉCHAL.

Nous avons causé de toi, tout à l'heure, avec ton papa,
Henriette.

HENRIETTE.

Ah!

MADAME MARÉCHAL.

Oui. . Il te croit le cœur un peu pris, figure-toi!

(Elle lui fait une caresse sur la joue.)

HENRIETTE.

Et vous, maman?

MADAME MARÉCHAL

Moi, je te le demande, mon enfant. (Elle lui prend le bras et l'approche tout près d'elle.) Oh! tu auras confiance en moi... Dis-moi cela tout bas, à l'oreille... Je veux tes confidences, moi... Tu m'as toujours dit tout... Une mère c'est comme une sœur aînée... ça comprend tout. Qu'est-ce que nous voulons, ton père et moi? que tu sois heureuse, n'est-ce pas? heureuse pour la vie, avec un mari de ton choix... (Henriette se lève; madame Maréchal la reprend par les deux mains.) Ne crains rien... Mais je te demande un peu pourquoi tu ne me le dirais pas? Voyons, est-ce qu'il n'y a pas ici un monsieur que tu trouves mieux que les autres?

HENRIETTE, debout.

Moi?... mais non.

MADAME MARÉCHAL, la tenant toujours par les mains.

Un monsieur que tu vois... quand tu ne le regardes pas?

HENRIETTE.

Non.

MADAME MARÉCHAL, la regardant.

Quand tu ne penses à rien, il n'y a pas quelqu'un auquel tu penses un peu?

HENRIETTE.

Non... non.

MADAME MARÉCHAL, se levant.

Alors ton père se sera trompé... il avait cru s'apercevoir... (Elle se retourne vers Henriette.) Voyons, mon ange, c’est la vérité bien vraie... tu n’aimes personne, bien sûr? Tu ne me caches rien? (Elle lui lève la tête avec la main.) Tes yeux... que j’y voie ton cœur.

HENRIETTE.

Mais non, maman... Ah! on a sonné... je me sauve (Sur la porte.) Je reviendrai...

SCÈNE V

MADAME MARÉCHAL, seule, puis PIERRE.

MADAME MARÉCHAL.

Ah! les hommes! (Se retournant elle aperçoit Pierre. Avec un mouvement de joie.) Ah! c’est vous... je suis enchantée... Vous devenez d’un rare... Il y a bien huit jours qu’on ne vous a vu...

PIERRE, lui donnant une poignée de main.

Madame...

MADAME MARÉCHAL.

Tiens, vous êtes seul?... Vous allez prendre le thé avec nous, (avec intention) avec mon mari... Vous l’avez rencontré? (Elle va s’asseoir sur une chaise à gauche.) Il ne part que demain pour Paris... Où est donc votre frère?

PIERRE.

Mon frère? Il revient seulement de la pêche... Il soupe maintenant.

MADAME MARÉCHAL.

Et qu’est-ce que vous devenez?

PIERRE.

Mon Dieu! je mène la vie de tout le monde... (Il passe derrière la chaise de madame Maréchal et va à la cheminée.) Je prends des bains, je bois, je mange... et je tâche de rendre aux autres le mal qu'ils peuvent dire de moi...

MADAME MARÉCHAL.

Cela vous rend si méchant que cela, les bains de mer?

PIERRE.

Mais c'est un effet général, madame... si vous croyez que je suis une exception... Mon Dieu! c'est tout naturel... De quoi voulez-vous qu'on s'occupe? De la mer? Mais on ne la regarde pas... J'étais l'autre jour avec une dame qui est ici depuis un mois; tout à coup elle a dit : Ah! tiens, la mer!... Trouville? Mais vous savez ce que c'est : c'est Mabille pour les femmes mariées... et le café de la Garde nationale pour les maris...

MADAME MARÉCHAL.

Allons! voyons...

PIERRE.

Mais positivement. A Paris, on a ses affaires, ses ambitions, ses amis, ses plaisirs, ses distractions : ici, quand on s'est mouillé et essuyé, qu'est-ce que vous voulez qu'on fasse entre ses repas, pour tuer le temps? De l'observation, et je vous assure qu'on en fait! et que rien ne passe inaperçu... (Il passe à gauche de madame Maréchal.) Un salut, une robe nouvelle, une poignée de main, un tête-à-tête de deux minutes, une arrivée au chemin de fer, un sourire, une migraine, n'importe quoi... (Il s'assied sur une chaise à côté de madame Maréchal.) Je vous réponds que tout cela est étudié, observé, noté, analysé, commenté... C'est-à-dire que je ne sais pas

s'il se perd, l'hiver, sur toutes les côtes de France, autant de bateaux qu'il se perd ici, l'été, de réputations
de femmes sur la plage!

MADAME MARÉCHAL.

Vraiment? Ah! c'est très-amusant!

PIERRE.

Non, madame, ce n'est pas amusant toujours, je vous
assure... Moi, qui ne suis pas un enfant, je suis quelquefois effrayé de ce qui se découvre, de ce qui se murmure, de ce qu'on voit, de ce qu'on dit, de tous ces
chuchotements où commencent les scandales... C'est
qu'il y a des gens de génie, des hommes, des femmes
surtout, dans cette partie-là... et qui ont comme une
seconde vue du mal... Des gens qui n'oublient rien et
qui apprennent tout! tout, on ne sait comment! C'est
un travail de sauvages : ils remontent du geste au regard, ils concluent de l'imprudence à la faute, ils soup-
çonnent, ils flairent, ils devinent!... Au second bal du
Casino, vous savez bien qu'on parlait déjà de madame
de Rilliers?...

MADAME MARÉCHAL, distraitement.

Ah! oui, madame de Rilliers...

PIERRE.

Madame Bériat est aujourd'hui on ne peut plus affi-
chée...

MADAME MARÉCHAL.

Ah! madame Bériat?

PIERRE.

Et il n'y a plus à présent que le mari de madame de
Laujon qui demande pour quelle histoire de femme
M. Gonet s'est battu avant-hier...

MADAME MARÉCHAL.

Madame de Laujon?

PIERRE.

Oui, madame de Laujon... Et puis, pour mieux deviner, on suppose ; on met un peu de calomnie en avant pour éclairer la médisance ; on lance un mot pour voir s'il sera ramassé... On laisse tomber, en mettant la cuiller dans une glace, négligemment : « Madame Maréchal?... Oh!... » Et je viens d'entendre nommer mon frère, madame...

(Il se retourne vers elle.)

MADAME MARÉCHAL.

Qu'est-ce que vous voulez me dire enfin?... Voilà une heure... Est-ce que vous croyez que je ne me doute pas que vous savez tout?

PIERRE.

Ce que je veux vous dire, madame (Il se lève.) c'est qu'en aimant mon frère, vous avez fait de moi un homme reconnaissant, orgueilleux de cet amour... comme s'il tombait sur moi-même... Ce que je veux vous dire, et ce que vous ne savez pas, ni vous, ni lui, c'est que votre amour, je l'ai gardé, je l'ai veillé, comme un homme qui couche en travers d'une porte et qui ne dort pas de la nuit... J'épiais autour de vous le bruit, les coups d'œil, le silence... J'étais là derrière vous, effaçant vos imprudences, je renouais chaque jour votre secret, et je refaisais autour de vous sans cesse quelque chose comme de l'ombre et de la sécurité... Je fermais les bouches qui parlaient, j'empêchais la jalousie de vous voir... Votre bonheur était insolent : je me mettais devant pour le cacher, et faire qu'il ne blessât personne ! (Il marche et revient auprès de madame Maréchal.) Voilà trois mois que je fais ce métier-là, trois mois

que je suis toujours là, rompant vos tête-à-tête, vous
arrachant à lui, vous jetant de sottes plaisanteries qui
vous fassent rire, quand vous rêvez, quand je sens que
vous allez rougir ou pleurer... vous avertissant de votre
mari, du monde, de tous ceux qui sont là, et que vous
ne voyez pas, quand il est là!... (Il marche avec agitation.)
Trois mois que je vous suis insupportable... et que vous
croyez que je fais cela à cause de je ne sais quel mauvais sentiment de jalousie, parce que vous me prenez
de l'affection de mon frère, n'est-ce pas?... Oh! je vous
pardonne... Eh bien, madame, je suis au bout de ma
tâche... J'ai cru réussir un moment; j'ai cru qu'on pouvait cacher un bonheur comme le vôtre, que j'avais endormi la curiosité du monde, que vous pourriez vivre
tranquille tous les deux, et qu'on vous laisserait vous
aimer... Aujourd'hui, je le vois, c'est impossible. J'ai
lutté, je suis battu... (Se retournant vers elle et se rapprochant.)
Mais cela court maintenant sur les chaises de la promenade! Les indifférents en parlent déjà : votre mari
peut l'apprendre demain... ce soir... Et alors votre
amour, savez-vous ce que ce sera? Ce sera, ce qu'on
appelle de son vrai nom légal : l'Adultère! L'Adultère,
entendez-vous? quelque chose qui est dans le Code et
qui fait asseoir sur le banc des voleurs! Votre passion,
cela fera un procès qu'on vendra... Vos lettres seront
un dossier, et il y aura des avocats pour les lire tout
haut... Vous pleurerez devant des juges, comme une
femme déshabillée toute vive... La *Gazette des Tribu-
naux* dira la couleur du chapeau que vous aviez... et il
viendra, pour vous voir là, des gens que vous aurez reçus dans votre salon, qui auront dansé chez vous!

MADAME MARÉCHAL.

Un procès à moi? Mon mari? Jamais! Oh! je n'ai
pas peur... Il me tuerait! (Elle se lève. — Pierre s'est assis à
droite.) Tout ce que vous me dites... ce que je risque, tout

6.

ce que je joue, est-ce que vous croyez que je ne le sais
pas aussi bien que vous? C'est ma vie, je le sais bien. Eh
bien! après?... De la honte? Allez! j'en ai par-dessus
la tête! Et je n'ai pas besoin du mépris des autres! Enfin, quoi? Qu'est-ce que vous voulez? Que je rompe,
n'est-ce pas? Eh bien! voilà, je ne peux pas... non, je
ne peux pas! Ah! tenez... Regardez-moi... Il ne m'aime
plus... Et vous venez de me dire tout ça pour que je lui
rende sa liberté... Oh! d'abord vous avez dû toujours
l'empêcher de m'aimer, je suis sûre... (Pierre se lève.) J'ai
bien vu que vous étiez toujours contre moi...

PIERRE.

Mon frère vous aime aujourd'hui comme il vous aimait
hier, madame... Il ne sait rien de ce que je vous ai
dit... et j'espère qu'il l'ignorera toujours...

MADAME MARÉCHAL.

Oh! pardon... Je vous assure, je ne lui ai jamais dit
de mal de vous, demandez-lui... au contraire... Mais
c'est que l'idée de le perdre!... Ma vie, vous avez dû la
comprendre... (Elle tombe assise sur la chaise, à droite, la tête
dans les mains, les coudes sur le guéridon.) Vous connaissez mon
mari... Mon Dieu! je ne l'accuse pas... Il est bon... il ne
peut pas m'aimer autrement... Moi, un mari, je croyais...
J'avais rêvé... Oh! j'ai souffert! j'ai pleuré! Et pourquoi? Je n'avais pas de chagrin, j'avais tous les jours à
dîner, du feu, un logement, des robes... J'ai cru mourir! Ce sont des années qui me font encore peur!... Et
vous voulez que j'y retombe comme cela, tout de suite?
Laissez-moi le temps au moins... Mon Dieu! pour des
cancans... Je vous promets : nous serons sages, nous
ferons attention... Je vous donnerai toujours le bras...
Il ne viendra plus ici... je sais bien, c'est imprudent...
Oh! je vous en supplie... (Elle lui prend les mains.) Nous
vous aimerons tant tous les deux !

PIERRE retire ses mains. Après quelques tours dans la chambre, il revient s'asseoir près d'elle.

Vous jouez votre vie, c'est bien, madame... Mais savez-vous que vous jouez aussi le bonheur de votre fille?

MADAME MARÉCHAL, se dressant debout.

De... ma fille? Allons! vous êtes fou... (Se retournant vers Pierre.) Ma fille! Eh bien! ma fille, quoi?

PIERRE, allant à elle.

Aux dernières courses de Caen, madame... Vous n'y étiez pas... Vous aviez laissé mademoiselle Henriette y aller avec son père... Mon frère courait ce jour-là... Il est tombé, comme vous savez, au premier obstacle... et il est resté un moment sans bouger... On le croyait tué... Moi, je n'y voyais plus... Une main a saisi la mienne, une main que j'ai senti trembler jusqu'à ce que mon frère fût relevé... (Il la regarde.) C'était la main de votre fille...

MADAME MARÉCHAL, joignant les mains.

Mon Dieu!... Mais alors... Oh! mon Dieu, ma fille!... Moi qui lui demandais là!... Elle l'aime!... Voyons, c'est vrai qu'elle l'aime?... Je vous crois, mon Dieu!... Vous dites aux courses de Caen?... Ah! oui... Ne me dites plus rien, en voilà assez!... (Elle tombe sur le canapé, à gauche. — Pierre est assis à droite.) Eh bien! oui, c'est cela, il le faut... Oui, vous avez raison... Il le faut... Il faut rompre... Eh bien! c'est cela... Vous lui direz, à votre frère, comme si ça venait de moi... N'est-ce pas? comme si ça venait de moi... Vous lui direz... Je ne sais pas... Vous arrangerez cela... que ma position, mes devoirs... ah! oui, mes devoirs!... tout de suite, n'est-ce pas?... Allez!

PIERRE.

Il ne me croira pas, madame...

MADAME MARÉCHAL, se levant.

Mais qu'est-ce que vous voulez, alors?

PIERRE, s'approchant d'elle.

Ses lettres, madame. Je vous rapporterai les vôtres demain.

MADAME MARÉCHAL.

Ses lettres?... (Elle prend une clef dans un médaillon pendu à son cou.) Ah! c'est vrai. (Elle va au petit meuble à côté de la cheminée, prend dans un tiroir le paquet de lettres, et le rapporte lentement à Pierre.) Tenez!... plus même cela de lui! (Se jetant dans les bras de Pierre en fondant en larmes.) Ah! je suis bien malheureuse!

PIERRE, lui tenant les mains.

Madame, je voudrais pouvoir vous donner du courage avec la pitié que j'ai pour vous.

(On entend à la porte la voix de M. Maréchal.)

MADAME MARÉCHAL, se retournant.

Mon mari!

SCÈNE VI

LES MÊMES, M. MARÉCHAL.

M. MARÉCHAL, à Pierre.

Ah! moi qui cours après vous... Vous allez toujours bien?

PIERRE.

Très-bien.

M. MARÉCHAL.

Et vous faites la cour à ma femme, comme cela, pendant que je vous cherche!... Très-bien, très-bien!... (Voyant Pierre prendre son chapeau.) Eh bien! je vous fais sauver?

PIERRE.

Mon Dieu, je le disais à madame, j'ai quelques lettres à écrire ce soir... (Saluant.) Madame...

M. MARÉCHAL.

Au revoir, mon cher Bréville, au revoir.

(Ils se serrent la main.)

SCÈNE VII

MADAME MARÉCHAL, assise sur le canapé, à gauche;
M. MARÉCHAL, puis HENRIETTE.

M. MARÉCHAL.

Figure-toi, ma chère, qu'au Casino, on danse, on danse... Et des toilettes! des toilettes! C'est étonnant, maintenant : je ne sais pas où on prend l'argent... Personne n'a cinquante mille livres de rente, et tout le monde les dépense...

(Un domestique apporte le thé. Henriette entre, pour le servir, par la porte de gauche.)

MADAME MARÉCHAL.

Oh! c'est très-brillant, je sais...

M. MARÉCHAL, à Henriette.

Tu n'as donc pas pu décider ta paresseuse de mère à te mener au bal?

HENRIETTE.

Oh! ce n'est pas maman... Elle m'avait proposé de m'y mener... je n'ai pas voulu, ça m'ennuie.

M. MARÉCHAL.

Déjà?... Mon Dieu! comme tu fais tes dents de sagesse de bonne heure! (Henriette passe à droite et range sur le guéridon. — M. Maréchal s'assied sur la chaise, à droite, auprès de la table de thé.) A propos, ma chère, on a l'habitude de laisser l'argenterie dans la cuisine... Je ne sais pas s'il ne serait pas plus prudent de la faire remonter ici pendant la nuit... Il paraît que le jardinier, en venant le matin, l'autre jour, a vu des pas dans le jardin... (Henriette, après un mouvement et un regard vers la fenêtre, va vivement vers la table et se met à servir le thé.) des pas d'homme, à ce qu'il dit...

MADAME MARÉCHAL, troublée.

Ah! il a vu...

M. MARÉCHAL.

Oh! c'est bien arrivé à Robinson!... (A Henriette qui le sert.) Pas de lait... non... Mais je te dis non... Tu as une manière de servir le thé, par exemple, ce soir! (A madame Maréchal.) Oui, ma chère, près de la maison, dans l'allée... (Henriette repose sur la table la théière, et madame Maréchal sa tasse de thé.) Bon! vous voilà effrayées, je parie...

MADAME MARÉCHAL.

Moi... mais... mais non...

HENRIETTE, se penchant vers son père comme pour couvrir sa mère.

Oh! nous sommes une des seules maisons où il y ait

des fleurs... On vient peut-être la nuit pour en prendre...
C'est si mal fermé sur la plage...

(Madame Maréchal regarde sa fille.)

M. MARÉCHAL, se levant.

C'est qu'il paraît qu'on exploite le pays depuis quelque temps... une bande de rôdeurs de nuit... Les Robi-
quet, tu sais?... Ils ont été complétement dévalisés
pendant qu'ils étaient à Paris... On me sait souvent absent... Il y a cette fenêtre du corridor... Vous feriez
bien de la fermer... (Allant vers la porte du fond.) Avec le treillage qui est contre la maison... c'est si facile de grimper,
et on est tout de suite à vos deux chambres... (A part.) En
attendant, comme mesure de précaution, je vais toujours
glisser une paire de balles dans mes pistolets... (Haut.)
Tiens! Henriette... (Il lui donne sa tasse.) Regarde-moi
donc... (Lui prenant la main.) Mais tu as les yeux rouges?

HENRIETTE.

Moi? mais non... C'est qu'il commençait à faire froid
au bord de la mer...

(Elle passe vers le guéridon, à droite, et prend un moment son
ouvrage.)

M. MARÉCHAL, à madame Maréchal, assise à gauche.

As-tu parlé à Henriette?

MADAME MARÉCHAL.

Oui, mon ami.

M. MARÉCHAL.

Eh bien!

MADAME MARÉCHAL.

Eh bien! Henriette ne m'a pas répondu...

HENRIETTE.

Mais, maman, vous savez bien, je vous ai dit...

M. MARÉCHAL.

Allons! Henriette, pas d'enfantillage...Te voilà devant
nous; ce n'est pas un tribunal, sapristi! Allons! faut-il
t'aider à parler? Je vais faire l'appel des jeunes gens que
nous rencontrons ici... Voyons si mes petites jalousies de
père ont eu de bons yeux... Le petit Lugeac, hé? (Henriette fait un signe de tête négatif.) M. de Vermorel? (Même jeu
d'Henriette.) Non? Ah! je vais t'en nommer un... Tenez,
ma chère, pour celui-là, je voudrais que notre fille dise
oui... Mon Dieu! je sais, il est bien jeune... mais c'est
un défaut qui ne dure pas... Il n'a pas précisément le
poids d'Henriette comme fortune, mais notre fille sera
assez riche... Et je passerais par-dessus tout cela... Je
ne sais pas pourquoi toutes les fois que j'ai cherché à me
figurer mon gendre, c'était la figure de ce garçon-là que
je voyais... Ah! un vrai jeune homme!... de la poudre!
Charmant, là, charmant!... Bonne famille... un nom
honorable...

MADAME MARÉCHAL.

C'est?...

M. MARÉCHAL.

Oh! tu sais bien... Eh bien, le petit Paul... Paul de
Bréville...

HENRIETTE, se retournant vivement.

Je ne l'aime pas, M. Paul de Bréville...

M. MARÉCHAL.

Ah! tu te dépêches bien de dire que tu ne l'aimes
pas...Tiens! aujourd'hui tu es dans tes diables d'entête-
ments... On te nommerait toute la terre... Qu'en dites-
vous, Louise? Est-ce que vous ne voyez pas comme moi
ce joli couple-là? Est-ce que vous n'auriez pas du plaisir à les voir tous les deux ensemble, à côté de nous ..

MADAME MARÉCHAL, d'une voix étouffée.

Tous les deux... ensemble... à côté de nous...

HENRIETTE, allant à son père.

Mais, papa, puisque je ne l'aime pas... J'en aime un
autre d'abord !

MARÉCHAL, se levant.

Un autre? Tu en aimes un autre?... Eh bien, tant
pis pour mon jeune homme, voilà tout ! Moi, que ce
soit l'un, que ce soit l'autre... tu comprends... Comment
s'appelle-t-il celui-là, hein?... Voyons... (S'approchant de
sa fille.) Eh bien, dis donc... On ne te mangera pas... (Il lui
prend une main et la fait asseoir sur un de ses genoux.) Voyons,
Nenette, ma petite Nenette... Ah! voilà un petit nom
qui va te faire parler... Y a-t-il longtemps que je t'ap-
pelais comme ça! Tu étais haute comme la table, et tu
me disais alors le nom de tous tes petits maris, te rappelles-tu? Qui est-ce, cet autre-là, hein?

HENRIETTE, lui mettant les bras autour du cou.

Mais c'est toi, papa!...Je ne veux pas me marier. .

M. MARÉCHAL, déliant brusquement ses bras.

Tiens! laisse-nous... J'ai à causer avec ta mère...
Laisse-nous.

(Henriette sort par la porte à gauche.)

7

SCÈNE VIII

MADAME MARÉCHAL, M. MARÉCHAL.

MADAME MARÉCHAL.

Mon Dieu ! quest-ce que vous avez donc ce soir ?

M. MARÉCHAL, après un silence.

C'est la première fois que ma fille ne me dit pas la vérité... Elle a un secret, notre enfant... oui, un secret pour nous, pour moi, pour vous, sa mère...

MADAME MARÉCHAL.

Oh ! mon Dieu ! mon ami, vous prenez cela...

M. MARÉCHAL.

Non... c'est que cette première chose qu'on me cache me fait peur, voyez-vous, Louise... Ces eaux, ces bains de mer, ce monde... on ne sait qui on rencontre, qui on voit, qui on reçoit... Je sais bien, ce sont des craintes... c'est absurde... Mais on n'est pas maître de ses inquiétudes... et malgré moi, ce soir... ce soir, Louise, est-ce que vous ne trouvez pas que cela sent le mystère chez nous ?

MADAME MARÉCHAL.

Le mystère ? Mais quel mystère voulez-vous ?...

M. MARÉCHAL.

Enfin pourquoi n'a-t-elle pas voulu me dire qu'elle aimait ? Car elle aime... moi, je vous dis qu'elle aime...

MADAME MARÉCHAL.

Peut-être parce que vous avez voulu le lui faire dire...
Vous, les hommes, vous savez si peu... Ces jeunes
cœurs-là s'ouvrent d'eux-mêmes, on ne les force pas...
Ce n'est pas en la brusquant... Laissez-moi le temps de
la faire parler... Tenez, elle me dira tout, à moi... je
vous réponds qu'elle me dira tout...

M. MARÉCHAL, jetant un livre sur la table avec colère.

Elle vous dira tout ! elle vous dira tout !

MADAME MARÉCHAL.

Mon ami...

M. MARÉCHAL.

C'est vrai, vous avez raison... Je sens que je me met-
trais en colère... Il vaut bien mieux que j'aille me coucher... Bonsoir... bonsoir...

(Il sort par le fond.)

SCÈNE IX

MADAME MARÉCHAL, puis HENRIETTE.

MADAME MARÉCHAL, tombant à genoux.

Mon Dieu ! dites-moi qu'elle ne sait rien ! (Henriette
entre et se laisse glisser à genoux, sans que sa mère la voie. — Madame Maréchal continuant à prier, à part.) Mon Dieu ! donnez-
moi la force de mon sacrifice.

HENRIETTE, à part.

Mon Dieu ! pardonnez-moi : je voudrais bien mourir.

MADAME MARÉCHAL, en relevant la tête, la voit à côté d'elle.

Toi!... Oh! les anges viennent quand on prie... (Elle la relève et la regarde.) Henriette!... Non... non... Ma fille... embrasse-moi!...

HENRIETTE, se jetant dans ses bras.

Mère!

(Madame Maréchal l'embrasse, la rappelle des yeux, l'embrasse encore et la reconduit doucement à sa chambre.)

SCÈNE X

MADAME MARÉCHAL, seule.

MADAME MARÉCHAL.

Oh! elle ne sait rien! Elle ne m'aurait pas embrassée comme cela!... Elle ne sait rien, rien! (Elle tombe sur un canapé au fond.) Ah! j'ai bien fait... Oui, oui, j'ai bien fait... A présent, c'est fini, je ne peux plus l'aimer... Mais quelle soirée! mon Dieu! quelle soirée! De l'air... j'ai besoin d'air... (Elle va ouvrir la porte et voit la fenêtre ouverte.) Ah! la fenêtre... (Elle retombe assise.) Ne plus rougir de moi, ah! j'en avais besoin!... Il me semble que je revois ma conscience et que mon cœur rentre dans ma maison... (Elle tombe dans une rêverie. — Par la fenêtre ouverte, entre la musique d'une redowa jouée au premier acte dans le bal.) Ah! la musique du Casino...

SCÈNE XI

MADAME MARÉCHAL, PAUL, entrant en sautant
par le balcon de la fenêtre ouverte.

MADAME MARÉCHAL, se levant avec un cri.

Ah!... Vous n'avez donc pas vu votre frère?

PAUL.

Voici les vôtres... (Il lui tend un paquet de lettres.) Mon
frère? Si... vous voyez, je l'ai vu... Il m'a dit... Tenez,
je ne sais pas trop... que votre position dans le monde...
votre considération... C'est bien cela, n'est-ce pas? Oh!
j'ai compris... (Il tombe assis sur une chaise à droite.) Cela finit
donc, l'amour, Louise?

MADAME MARÉCHAL.

Je vous expliquerai... Plus tard... Mon mari est ici...
il est là...

PAUL.

Ah! votre mari!

MADAME MARÉCHAL.

Je serais perdue!

PAUL.

Eh bien, quand nous nous perdrions?

MADAME MARÉCHAL.

On lui a parlé d'escalades... de voleurs... Il a des
pistolets...

PAUL.

Oh! je vous aimais bien pourtant! Je vous aimais

bien!... Dans votre voix, dans votre sourire, dans vos
yeux, si vous saviez tout ce qu'il y avait pour moi!
Quelquefois, quand vous ne faisiez que me regarder,
j'étais heureux... heureux à sentir dans mes yeux des
larmes me venir du fond de ma joie!... J'étais si jeune!...

MADAME MARÉCHAL.

Taisez-vous! Oh! taisez-vous!

(Elle remonte la scène, le dos tourné à Paul.)

PAUL.

Je n'ai pas eu ma mère, moi, figurez-vous... Et toutes
les douceurs de la femme, c'était vous pour moi! Non,
vous n'imaginez pas : vous étiez dans mes pensées
comme il y a du bleu dans le ciel!... Quand je vous ai
vue au bal, la première fois, vous rappelez-vous? Oh!
je vous ai aimée tout de suite! Il me semblait que
ma vie vous espérait... Vous? Mais je ne voyais que
vous... Vous étiez ce que je croyais, ce que je priais!

MADAME MARÉCHAL, debout, le dos tourné, les mains appuyées
sur la table.

Oh! je voudrais des injures, pour souffrir moins!

PAUL.

Un mot de vous, je le portais sur moi comme une mé-
daille... Tenez, je me disais votre petit nom souvent
tout seul, pour me mettre mon bonheur sur les lèvres,
et l'écouter retomber de ma bouche sur mon cœur!

MADAME MARÉCHAL.

Mon Dieu! vous ne comprenez donc pas?... (Se retournant.) Ma fille t'aime! Ah! voilà!

(Elle se tord les mains.)

PAUL.

Henriette! Moi?

(Il se lève.)

MADAME MARÉCHAL.

Oui, Henriette!

PAUL.

Qui a pu...?

MADAME MARÉCHAL.

Je le sais... (Elle court à la porte et met le verrou. — Revenant à Paul, elle le prend par le bras et le force à s'asseoir sur une chaise à côté d'elle.) Et Dieu me donnera bien une minute pour vous dire cela!... Écoutez : c'est quelque chose de bien mal et qui coûte, allez! de tromper son mari... un homme à qui on doit tout... qui croit en vous, qui a confiance, qui vous estime... qui vous estime!... mettre tous les jours le mensonge, la trahison, de la boue dans son ménage! Oui, c'est odieux... Et vous ne savez pas les remords qui déchirent une femme quand il lui reste encore l'honnêteté d'en avoir!... Ah! vous m'avez vue assez souffrir! J'ai eu avec vous bien des larmes... tout mon bonheur les essuyait mal! Eh bien! tout cela... la honte, le chagrin, ce qui me rongeait, les dégoûts de moi-même, la peur de ce qui pouvait arriver, le monde et tous ses yeux, j'aurais tout supporté, tout bravé...

PAUL.

Louise!

MADAME MARÉCHAL. (Elle lui quitte les mains.)

Mais quand on m'a dit que ma fille vous aimait... mon Henriette! Mais les mères, n'est-ce pas? c'est pour donner le bonheur à leurs filles... elles ne sont faites que pour cela!... et je lui volais le sien... je lui volais le sien pour toujours!... Oh! alors, je me suis détestée...

j’ai eu horreur de moi... je me suis pris le cœur à deux mains, et j’en ai si bien arraché mon amour, que vous n’y êtes plus !.... Non, vous n’y êtes plus !

(Elle lui repousse les mains et se cache la figure.)

PAUL.

Et moi, je vous dis que vous m’aimez toujours !

MADAME MARÉCHAL. (Elle se lève.)

Non, je ne veux pas !... je ne veux plus !... Partez ! Oh ! vous partirez !.... Laissez-moi, tenez ! je vous en supplie, laissez-moi ! Faut-il que je vous parle à genoux ? (Elle tombe à genoux.) Vous voyez bien que c’est moi qui vous demande grâce... Non... il ne faut plus m’aimer...

PAUL.

Je vous aime !

MADAME MARÉCHAL. (Elle se relève lentement.)

Et puis moi... je vais avoir fini d’être belle, moi, ce ne sera pas long... Un jour, vous m’auriez quittée....

PAUL.

Jamais !

MADAME MARÉCHAL.

Si, si... vous auriez vu !... Voyons, partez !

PAUL.

Je vous aime !

MADAME MARÉCHAL.

Vous ne pouvez pas pourtant me demander de faire mourir ma fille ! Vous ne pouvez pas !... C’est mon enfant, Paul !... je vous dis que c’est mon enfant ! (Elle lui saisit le bras.) Oh ! vous allez partir !

PAUL.

Je vous aime! je vous aime!

(Il veut la prendre dans ses bras. Elle le repousse.)

MADAME MARÉCHAL, avec terreur.

Ecoute... des pas... on monte... (Bas.) C'est lui!

PAUL, à demi souriant.

Je l'avais entendu.

(La porte est secouée.)

MADAME MARÉCHAL.

Par où? mon Dieu!... Ah! la fenêtre de ma chambre...
Il n'y a pas de treillage de ce côté-là... Il se tuerait!...
Non... Ah! là... Malheureuse! c'est la chambre de ma
fille!...

LA VOIX DU JARDINIER EN DEHORS.

Il est en haut, monsieur! il est en haut!

(Paul marche vers la porte.)

MADAME MARÉCHAL.

Où vas-tu?

PAUL.

Mais... mourir...

MADAME MARÉCHAL. (Elle se précipite vers la porte.)

Oh! pas sans moi!

(La porte de la chambre d'Henriette s'ouvre. Henriette paraît sur le
seuil en peignoir blanc, les cheveux dénoués.)

7.

MADAME MARÉCHAL, avec épouvante.

Ma fille! ma fille!

(Elle recule et tombe évanouie sur un canapé au fond.)

LA VOIX DE M. MARÉCHAL DERRIÈRE LA PORTE.

Mais ouvrez donc, madame Maréchal!

SCÈNE XII

PAUL, madame MARÉCHAL évanouie. HENRIETTE entre, passe devant Paul, et lui montre d'un geste la porte ouverte de sa chambre. Paul hésite. Henriette le poursuit jusqu'à la porte d'un geste qui le chasse, et le fait sortir, éperdu, à reculons. Paul disparaît.

SCÈNE XIII

MADAME MARÉCHAL évanouie, HENRIETTE, puis
M. MARÉCHAL.

(Henriette va à la lampe, l'éteint, et se met à genoux au milieu de la chambre, tournée vers la porte qui va être enfoncée. La porte est enfoncée. M. Maréchal entre un pistolet à la main.)

M. MARÉCHAL.

Ah! la nuit... Ils ont éteint... Où est-il? (Apercevant Henriette en blanc dans l'obscurité, et la prenant pour sa femme.) Ah! (On entend se fermer une porte intérieure du côté de la chambre d'Henriette.) Tenez! elle l'a fait sauver par la chambre de sa fille!... Madame Maréchal, madame Maréchal!

veux-tu me dire comment s'appelle ton amant?... Tu ne veux pas?... tu ne veux pas?... Eh bien! tiens!

Il lui tire un coup de pistolet. Henriette tombe à la renverse en poussant un cri. A ce cri, madame Maréchal se lève d'un bond, se précipite sur sa fille, tâte la vie qui peut encore lui rester, se soulève en ouvrant la bouche pour crier.)

M. MARÉCHAL, tombant à genoux.

Henriette !

HENRIETTE, à son père, en mettant les deux mains sur la bouche de sa mère, d'une voix mourante.

C'était... mon amant... à moi...

FIN DU TROISIÈME ET DERNIER ACTE

APPENDICE

Nous donnons ici, sans commentaires, ces deux pièces curieuses à confronter :

« Paris, 7 décembre 1865.

« Monsieur le rédacteur,

On fait circuler, au sujet de la première représentation d'*Henriette Maréchal*, certaines accusations contre une partie du public qui composait la salle.

On veut jeter sur cette défaite une sorte de voile tout chargé de mystère ; on veut mettre de la cire aux oreilles du public ; on l'entoure de paravents pour lui dissimuler les sifflets ; on s'enveloppe soi-même d'une sorte de peplum de Chalchas-Critique, et l'on crie à la foule un de ces gros mots à l'aide desquels on explique la *Raison universelle* et la *Cause efficiente et probante des choses !*

En vérité, Figaro n'eut pas tort quand il parlait des avantages de la Sainte-Cabale.

On est tombé Gros-Jean, on se relève Étoile !

Eh bien, non, monsieur, il n'y avait point de cabale contre la pièce de MM. de Goncourt. Une cabale s'organise, et quoi que l'on ait — je ne sais déjà plus qui — prétendu qu'elle était bien disciplinée, c'est se railler du public que de vouloir prétendre qu'une bulle de savon ne peut crever sans que les puissances conjurées n'aient médité sa ruine.

Une cabale!... Et de qui?... Et pour quoi?... Contre quoi?... — Voilà trois points d'interrogation auxquels il paraît difficile de répondre. C'est avec ce mot de cabale que les amis satisfont la politesse, que les auteurs consolent leur génie, et qu'enfin on fouette le dos des Innocents, assez niais pour oser exprimer une opinion qui était *la leur*, en face d'une salle qui, ce soir-là, était toute aux soins empressés de l'amitié, aux benoîtes ferveurs de la sainte claque.

Le poulailler a crié, hurlé, sifflé. — Complot!...

Le parterre a applaudi, applaudi, applaudi. — Indépendance!

Renversez les mots, monsieur, et vous aurez la vérité!

Nous autres, nous étions venus dès cinq heures, les pieds dans la boue, inquiets, impatients, plus sympathiques qu'hostiles, croyant au talent de ces messieurs et prêts à applaudir, si nous trouvions leur pièce bonne. Nous étions là près de trois cents jeunes gens... Et, en effet, on a raison de dire que nous étions une cabale... Une cabale, c'est un complot; et nous complotions la chose la plus extraordinaire, monsieur, celle, étant les plus jeunes de l'assemblée, d'être les plus justes; celle, étant les moins favorisés, d'être les seuls payants! Nous avions organisé la conspiration des pièces de vingt sous contre les billets d'amis. Et, — voyez à quel point nous sommes simples, — au moment où l'on nous refusait au guichet des billets de parterre, nous subissions l'inspection d'un capitaine recruteur qui ne nous demandait qu'un peu de claque pour un bon fauteuil. Et à notre tour, nous avons refusé; — refusé, voulant rester indépendants et ne pas mettre les ficelles de notre enthousiasme entre les mains d'un chef de claque, et, comme des pantins, ne pas lever les bras, jeter des cris, pleurer d'admiration, selon le caprice de Son Indépendance.

Nous avons sifflé, comprend-on cela? sifflé, je ne sais quelles rapsodies que Bobino ne voudrait pas pour coudre à ses grelots! Sifflé un vieux paquet de ficelles dont le portrait de mon père, les gants de ma fille, le domino de madame, le mari qui manque le train sont les bouts les moins roussis et les moins usés! Sifflé un premier acte dont le réalisme n'a même pas le charme de la nouveauté : les *Enfers de Paris* et la *Mariée du Mardi-Gras* sont moins retroussés et plus joyeux! Sifflé un second acte dont la fantaisie court à travers un monde d'aphorismes prétentieux, de situations bizarres, de visions hystériques, commençant au babillage d'une servante et finissant au baiser ridicule d'une femme de quarante ans! Sifflé un troisième acte... Oh! le troisième acte!... N'est-ce pas du Girardin, première édition, non corrigée?... Les *Deux Frères* faisant pendant aux *Deux Sœurs?*... Du Girardin, moins... Girardin! c'est-à-dire l'Impossible, moins cette chose étonnante en faveur de laquelle on pardonne tout : l'originalité!

Nous disons, nous autres, ce que nous avons sifflé ; que les partisans de la pièce nous disent ce qu'ils ont applaudi, en dehors du magnifique jeu des acteurs, un seul acte, une seule scène, une situation, un mot, et nous nous déclarons satisfaits.

Il y a eu cabale, prétend-on! Oui, la cabale des indépendants contre les engagés... volontaires ou non!...

Qui siégeait à l'orchestre? Des amis, des amis, et toujours des amis!

Qui siégeait au parterre?... — Un mot, à ce propos, monsieur. On a parlé d'*Hernani!* Est-ce une ironie? A l'époque d'*Hernani*, on livrait le parterre à la jeunesse, et l'on refusait la claque! Mardi dernier, quand les jeunes gens se sont présentés, le parterre était envahi. — Par qui? — Et ses portes fermées. — Pourquoi?... Alors nous avons gagné les hauteurs. Quant à ceux du parterre, ils ne sifflèrent pas, j'en suis bien sûr, étant de ceux pour qui Boileau n'a pas fait ce vers :

C'est un droit qu'à la porte on achète en entrant.

Mardi, c'étaient les jeunes gens qui sifflaient et les *genoux* qui applaudissaient! Voilà la petite différence à signaler entre les deux *Hernani*. Ce n'est pas un drapeau autour duquel les frères de Goncourt rassemblaient leurs partisans! C'est un torchon! Nous, nous n'avons pas une sensitive à la place de cœur; nous ne prétendons pas faire un rempart de notre corps à Thalie, et Melpomène nous impose peu! Nous savons chiffonner d'une main osseuse la guimpe des vieilles Muses, et nous accrocher, quand nous voulons rire, à la queue des sourds satyres, amoureux de la joie et de la folie. Est-ce une raison pour ne pas crier : Pouah! quand la fange tente d'éclabousser l'art! Nous n'aimons pas voir sa robe s'accrocher au clou du lupanar, et toute débraillée, titubant à travers les ruisseaux, voir la Muse, le stigmate de l'impudeur au front, s'en aller, psalmodiant des rapsodies sans nom, parmi lesquelles rien ne transpire, ni vérité, ni style, ni inspiration! Nous ne sommes ni des cabaleurs, ni des amis! Nous avions payé nos places, et seuls peut-être dans toute la salle nous avions l'esprit dégagé de toutes les préoccupations de l'amitié et de la camaraderie. Mais, en vérité, en face des singulières rengaines qu'on voulait nous faire applaudir et accepter comme une transformation dans l'art, quand nous avons entendu comparer *Hernani* à *Henriette*, nous avons mis les clés à nos lèvres. Une révolution, cela? On ne fait pas des révolutions avec des bonshommes de bois; et si Bobêche avait voulu remplir le rôle de Mirabeau, la foule eût sifflé et tourné le dos. Qu'on nous donne *Ruy-Blas*, *Othello*, *Chatterton*, le *Gendre de M. Poirier*, et vous verrez où seront les jeunes gens, et quelle grande cabale d'applaudissements nous nous chargeons de discipliner pour ces *vraies* fêtes de l'intelligence et de l'art!...

C'est sur ce souhait et cette espérance que nous finissons, monsieur. Dussent certains esprits, complaisants *aux douceurs d'une amitié pure*, s'irriter parce que nous préférons *Carmosine* à *Henriette*, nous ne nous attacherons pas à discuter leurs goûts. Seulement, lorsqu'on nous crie : « Adorez! » — Ma foi, non, nous aimons mieux siffler ! — C'est plus conséquent.

Mettez le bœuf gras dans une charrette, nous nous amusons ; mettez-le sur un autel, nous haussons les épaules ! Les messieurs de Goncourt se sont trompés de porte, ils ont pris la rue Richelieu pour la rue Montpensier ; c'est à recommencer !

Agréez, monsieur, l'hommage de notre considération la plus distinguée.

> CHARLES DUPUY, 23, rue de Condé :
> LOUIS LINYER, 3, rue des Fossés-Saint-Jacques ;
> JULES BERNARD, 3, rue des Fossés-Saint-Jacques ;
> GEORGES NIVET, 51, rue Monsieur-le-Prince ;
> ÉMILE RANQUET, 3, rue du Dragon.

Figaro-Programme, 9 décembre. »

« 11 décembre 1865.

« Monsieur,

Nous avons l'honneur de vous envoyer la copie ci-jointe d'une note qui a couru aujourd'hui à l'École de droit, au cours de M. Colmet de Santerre.

La voici :

« MM. les étudiants en droit sont invités à se rendre ce soir lundi au Théâtre-Français pour siffler la nouvelle pièce, *Henriette Maréchal*. Il faut que la toile tombe au premier acte.

« Signé : PIPE DE BOIS,

« 11 décembre 1865. »

En vous signalant cet étrange mot d'ordre, nous n'avons pas besoin, monsieur, de vous dire que nous désapprouvons complétement, avec l'immense majorité des étudiants, une prétention aussi contraire à la liberté théâtrale qu'aux égards dus aux auteurs et à des acteurs de talent.

A. RAMIER,
étudiant en droit.

D'AIGREMONT,
étudiant en droit.

Opinion nationale, 12 novembre 1865. »

Nous remercions MM. Ramier et d'Aigremont, et tous ceux dont ils sont la voix.

E. ET J. DE G.

PARIS. — IMPRIMERIE POUPART-DAVYL ET COMP., RUE DU BAC, 30.

www.ingramcontent.com/pod-product-compliance
Lightning Source LLC
LaVergne TN
LVHW021843170726
843503LV00003B/1051